Adoph Diesterweg

Gedenkblätter aus F. A. W. Diesterwegs Schriften

Adoph Diesterweg

Gedenkblätter aus F. A. W. Diesterwegs Schriften

ISBN/EAN: 9783744617154

Hergestellt in Europa, USA, Kanada, Australien, Japan

Cover: Foto ©ninafisch / pixelio.de

Weitere Bücher finden Sie auf **www.hansebooks.com**

Gedenkblätter

aus

Diesterweg's Schriften.

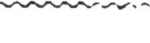

Von

Dr. H. Keferstein.

Leipzig, 1867.
Julius Klinkhardt.

Inhaltsverzeichniss.

		Seite
I.	Aus Diesterwegs Leben	3
II.	Religion und religiöse Bildung	15
III.	Ueber öffentliches Leben, Gemeinsinn und Standeserziehung	23
IV.	Psychologisch-Pädagogisches	28
V.	Didaktisch-Methodisches	31
VI.	Ueber Lehrer. Winke für Lehrer	36
VII.	Ueber Schulen, ihren Zweck, ihre Arten	39
VIII.	Ueber Universitäten und akademisches Studium	44
IX.	Lehrerseminare	47
X.	Weibliche Erziehung. — Kindergärten	48
XI.	Die Schule in ihrem Verhältniß zur Familie, zum Staate und zur Kirche	50
XII.	Aussprüche verschiedenen Inhalts	53

Sobald die Trauerkunde von dem Hingange Diesterwegs an uns gelangt war, überkam uns auch der Gedanke: Hier ist ein Leben zu Ende gegangen, dessen Andenken es in hohem Grade verdient, auf die Nachwelt verpflanzt zu werden. Wir fühlten ein unwiderstehliches Bedürfniß, dem Verstorbenen ein literarisches Denkmal in Gestalt einer Monographie zu setzen. Kein Versuch wurde verabsäumt, die Ausführung dieses Unternehmens anzubahnen. Da kam uns die Botschaft, daß der Sohn des Verstorbenen, Herr Buchhändler Moritz Diesterweg in Frankfurt a/M., eine umfassende Biographie seines Vaters veranstalte, die ein genauer Freund desselben übernehmen werde. Damit war unser Plan im Keime erstickt; wir konnten unmöglich den Ruhm eines Doppelgängers anstreben. Dennoch waren bereits Vorarbeiten zu der beabsichtigten Arbeit gemacht, Auszüge aus Diesterwegs Schriften angelegt worden, die als Bestandtheile eines größeren Gemäldes verwendet werden sollten. Vielleicht liefern wir wenigstens keinen ganz unnützen Beitrag zu der künftigen Diesterweg-Literatur, wenn wir unsere Excerpte in den Kranz eines, wenn auch nur sehr dünnen, Diesterweg-Albums zusammenflechten. Diese kleinen Denksteine aus so mancher zerstreut liegenden Arbeit des unvergeßlichen Mannes mögen an Stelle eines größeren Aufsatzes über Diesterweg bei den Lesern dieses Blattes*)

---

*) Allgem. deutsche Lehrerzeitung.

freundliche Aufnahme finden und die Pietät gegen den hier redend eingeführten Autor befördern helfen. Wenn sich in den einzelnen Rubriken, unter denen die folgenden Aussprüche Diesterwegs zusammengestellt sind, manche inneren Widersprüche finden oder doch zu finden scheinen, so möchten wir diesen Umstand dadurch begründen, daß wir unsere Excerpte aus den Schriften der frühesten wie spätesten Periode der schriftstellerischen Thätigkeit des Mannes entlehnt haben. Gerade eine solche Verschiedenheit der Auffassung pädagogischer Fragen im Verlaufe einer langjährigen Wirksamkeit zeigt uns den unabläſſig nach Wahrheit suchenden, nicht auf den unbedingten Besitz derselben pochenden Forscher; und Forscher wollte Diesterweg im Sinne Lessings um jeden Preis sein.

Schließlich habe ich, außer Anderen, namentlich Herrn Canzleirath Zachille in Dresden, dem warmen Freunde der Dresdner Lehrerschaft, dem langjährigen Mitarbeiter der Rheinischen Blätter, für die Bereitwilligkeit zu danken, mit welcher mir derselbe seine überaus reichhaltige Diesterweg-Literatur zur Verfügung stellte.

Dresden, im November 1866.

Horst Keferstein.

I.

Aus Diesterwegs Leben.

Ueber seinen Geburtsort und seine Lieblings=Vergnügungen als Knabe sagt er:

„Siegen, mein Geburtsort, liegt auf einem Berge, ist eine Bergstadt, auf 3 Seiten von einem Thale umgeben, an das sich Berge anschließen (der sogenannte „Häusling" gehört zu den schönsten Bergformen, die ich je gesehen), die zum Theil mit Hoch= und Niederwald besetzt sind, in welchen hundert Vogelarten nisten und singen. Selbstverständlich gehörte es, wenigstens vor 50 und mehr Jahren, zu den höchsten Freuden der Siegener Jugend, die damals fast mehr auf den Bergen, in Wäldern und auf den Schmelz= hütten als in den Schulen lebte, Nester zu suchen, nicht um sie auszuheben, sondern um sich ihrer zu freuen. Doch wurde hie und da ein junger Vogel zum Aufziehen mitgenommen. Ein Schulfreund .. hatte ein ganzes Zimmer voll der mannigfaltigsten Arten. Dasselbe zu betreten, gehörte zu den Genüssen. Ich erinnere mich noch lebhaft des Aufruhrs, den ein eingebrachter Sperber verursachte. Wir selbst holten meist aus dem sogenannten „Birkenwald", der aber ein Wald voll der prächtigsten, hochstämmigsten Eichen war, drei junge Adler aus dem Neste, zogen sie auf und hatten das Vergnügen, sie so zu zähmen, daß sie, herangewachsen, über die Stadt dahin flogen und zur Fütterzeit heimkehrten, bis sie zu unserer höchsten Betrübniß eines Tages ausblieben. Aus diesen und ähnlichen Jugenderlebnissen schreibt sich meine Liebe zu der Thier=, besonders der Vogelwelt her."

(Eine tiefe Entrüstung überkam mich daher mit meinen Reisegefährten am 15.. Aug. 1863 in Andermatt, eine Stunde unter dem Gipfel des Gotthard: [eine Frau bringt in einer Schüssel eine Menge getödteter Singvögel].)

„Ich bin in einem der interessantesten, merkwürdigsten Thäler Deutschlands geboren und aufgewachsen; aber Tausende von Berliner Knaben lernen aus ihrer Sandbüchse mehr, als ich in meiner, über und unter der Erde reichst begabten Heimath gelernt habe.."

„In mir riefen gestern (schreibt er aus Kiel) besonders Seiler, Huf= und Nagelschmiede frühe Jugenderinnerungen hervor. Bei solchen habe ich in meiner Vaterstadt Tausende von Stunden zugebracht. Einem Seilspinner half ich gern den Hanf hecheln und klopfen, und ich drehte ihm gern das Rad. Dabei erzählte er mir Geschichten von seiner Wanderschaft aus Oesterreich und Ungarn. Es waren nicht immer die feinsten. Einem Hufschmied brachte ich unser Pferd, ich hielt ihm die Beine beim Beschlagen, und mein Nagelschmied machte mich glücklich, wenn er mir erlaubte, ihm oder seinen Gesellen zu helfen, den Blasebalg zu ziehen und zu treten, das Feuer anzuschüren oder auch beim Schmieden selbst mit thätig zu sein. Zu diesen Beschäftigungen ließen mir die wenigen Schularbeiten volle Zeit, mehr, als gut war. Denn die gewöhnlichen deutschen Handwerksgesellen singen Lieder und erzählen Geschichten, welche auf das Herz eines unbefangenen, hingebenden Knaben nur nachtheilig wirken. Der Nagelschmied aber hatte ein edles, biederherziges Gemüth. Seine Nähe wirkte auf mich in der angenehmsten, edelsten Art. Sein früher Tod versetzte mich in wahre Schwermuth. Ich weinte ihm nach, wie wenn er mir angehört hätte."

Wie er sich in Mörs einrichtete und wie es ihm daselbst gefiel, darüber berichtet Diesterweg uns in Folgendem:

„Als ich noch in dem kleinen Mörs.. lebte, — es waren beschränkte, enge Verhältnisse gegen die, in welche ich versetzt wurde —, aber ich war glücklich.., jetzt denke ich oft mit Schmerz daran.

Jetzt lebe ich in größeren, weiteren Verhältnissen. Nicht nur in einer großen Stadt mit viel 1000 unbekannten Menschen, sondern auch unter mehr Seminaristen — leitend eine große Knabenschule von 6 Klassen — am Rhein waren es nur zwei. Kandidaten der Theologie, Lehrerinnen, Fremde mancherlei Art besuchen mich und die Anstalt und selten weiß ich gewiß, daß ich am Tage über eine Stunde frei gebieten kann; also ein weiter, viel umfassender Wirkungskreis; aber in meinem Innern fühle ich mich nicht immer befriedigt. Es freut mich nicht, Samen ins Weite hinzustreuen, ohne sein ferner noch zu warten und zu pflegen...

Mit wahrem Schmerz empfinde ich den Unterschied des Verhältnisses der Seminaristen am Rhein und denen in Berlin zu mir. Es ist nicht die Schuld der letzteren, nicht meine Schuld, es ist eine Folge der Verhältnisse. Wie lebte ich in Gedanken und im Wirken dort nur in ihnen, vom frühen Morgen bis zum späten Abend, wo ich ihnen noch einige Gedanken in den Schlafsaal mitgab, wie bezogen sie all' ihr Denken und Leben auf die Anstalt und mich, mit welchen Gefühlen schieden sie von mir! Dagegen stehe ich meinen jetzigen Schülern viel ferner, ich bin mehr ihr Lehrer, als ihr Erzieher, ich stehe da als der Direktor der Anstalt, und nur bei wenigen bildet sich ein dauerndes, bleibendes Verhältniß. Es ist mir sehr schmerzlich.

Und in welcher belebenden Wechselwirkung stand ich nicht nur mit den entlassenen Zöglingen, sondern mit den Lehrern des Regierungsbezirks der Provinz! Nicht ohne Kampf und Widerpart gestaltete es sich. Die dortigen Lehrer werden noch wissen, wie sie die Errichtung des Seminars in Mörs ansahen, wie wenig Vertrauen sie zu mir hegten, meinend, daß ich mit der Anstalt ihre freie Bewegung hemmen könnte, und was für Insinuationen und Angriffe auf meine Leute und mich in öffentlichen Blättern, meist anonym erschienen! Sie wußten nicht, wie wehe und auch wie unrecht sie mir thaten, meinem Streben, meiner Gesinnung! Aber sie haben es erkannt. Ich habe oft mir zur Ermuthigung sagen müssen: „Schwer ist aller Beginn! aber wer getrost fortgeht, kommt an!" Ja, ich kam an, ich gelangte zu dem Ziele, daß die Lehrer einsahen, wie das Wirken des Seminars mit ihrem Wirken eins und dasselbe sei. Und von der Zeit an habe ich dort selige Stunden gelebt. Noch in der Erinnerung feiere ich sie. Sie gehören zu dem kostbarsten Gehalte meines vergangenen Lebens."

„Als ich nach „Nest=Mörs" verpflanzt wurde, fühlte ich mich daselbst bald heimisch. Der Ort ist klein, die Verhältnisse sind einfach, die Bewohner freundliche Leute... Aber daheim fühlte ich mich dort erst, als ich den Ort und die Umgebung erobert hatte (die Heimathskunde!). Mit Hilfe meiner Schüler wurde zuerst der Situationsplan der Stadt entworfen, dann die Umgebung mit einem Radius von einer Meile hinzugefügt, u. s. w. Zuletzt ging es an die Geschichte der Stadt und der Grafschaft.... Fußwanderungen machten mich mit den abseits der Landstraßen liegenden Gegenden vertraut, mit der Eifel, mit dem hohen Veen, mit dem Hundsrück — und nun entwarf ich für mich und meine Schüler eine Wandkarte der preußischen Rheinprovinz und eine Beschreibung, welche beide 1829 in Crefeld erschienen sind. Es sind keine Meisterwerke; aber diese Arbeiten trugen mir den Lohn ein, daß ich auch die weite Umgebung genau kennen lernte und die preußische Rheinprovinz und damit Preußen mein Heimathland wurde. Das Fürstenthum Siegen ist 1815 von Preußen erworben worden; aber damit gehört man dem Lande noch nicht an; ohne Kenntnisse von der neuen Heimath und, wenn so zu sprechen erlaubt ist, ohne geistige Annexion geht das nicht. Preußen — mein Heimathland, Deutschland — mein Vaterland."

Als Freund der Wanderungen in freier Natur bekennt er sich an mehr als einer Stelle:

„Von Jugend auf ein Freund von Berg und Wald.., wanderte ich einst als junger Lehrer einsam durch den Odenwald, kam eines Abends nach 12stündigem Marsche in Darmstadt an...."

„Ich habe fast jedes Jahr eine Wanderung zu Fuß gemacht."

„Ich bedauere, daß die Fußreisen unter den Lehrern abnehmen. Schon meine Seminaristen in Mörs kamen zuweilen durch Fuhrgelegenheit, worüber mich tadelnd auszulassen ich aber niemals unterließ. Dagegen machte es mir jedesmal innige Freude, wenn sie mit den Tornistern auf dem Rücken fröhlich in die Ferien reisten und ebenso zurückkehrten."

Ein Bekenntniß über seine Universitätsstudien legt er ab:

„Ich war einst auf Universitäten. Ich habe in den Vorlesungen nicht viel gelernt, nicht viel mehr mitgenommen, als ich mit hingebracht. Sie waren darnach. Monotoner Vortrag, mechanischer Pedantismus, geistloses Wesen!... Nicht aus Liebe zum Tadel, sondern aus Liebe zur Sache sage ich, daß die Universitäten mir nicht viel gebracht, weil sie darnach waren, meinend, daß sie Andern, wenn man sie darnach einrichtete, viel mehr leisten könnten. Dazu will ich nach meinen Kräften und Einsichten beitragen. „Was geht es dich an?" mögen Einige wieder sprechen. Ich lasse mich nicht schrecken. Es geht mich an, weil es meine Seele berührt. Wenn es falsch ist, daß der Freund des Vaterlandes, der thätige Genosse seiner Freuden und Leiden, von Allem, was das Vaterland betrifft, berührt werde, so weiß ich nicht mehr, was wahr ist. Auf diesem Standpunkte kann ich nur wünschen, daß Alle an Allem Theil nehmen möchten."

Wie viel ihm Schleiermacher gewesen, den er als Seminardirektor in Berlin hörte, sagen folgende Stellen:

„Eine Menschenschaar, die verbunden ist durch eine (solche) Gleichheit des Geistes, der in ihnen lebt, erfreut und erhebt.... So saß ich jedesmal in Schleiermachers Hörsaal, schon ehe er kam, mit einem ganz bestimmten, gehobenen, gestärkten Gefühl; instinktartig theilte es sich mir mit, es wehte mich von der Gesammtheit der Zuhörer an, und ich sah sie in eigenthümlicher Verfassung."

„Mit Erhebung sage ich es: er (Schleiermacher) ist auch mein Lehrer gewesen, nicht blos als Schriftsteller oder als Pfarrer, sondern ich benutzte, seitdem ein gütiges Geschick mich noch zu seinen Lebzeiten hierher versetzte, so weit es meine Berufspflicht nur zulassen mochte, freudigst die Gelegenheit und die Gnade, die er mir gewährt hatte, seine Vorlesungen zu besuchen und mich an ihm zu bilden und zu erbauen. Darum habe ich im Sommer 1832 seine Vorträge über Politik, im Winter 1832—33 die über Psychologie besucht. Voll großer Bewunderung saß ich in der Regel vor dem kleinen Manne, folgte seinen Gedanken und Entwicklungen, und genoß das unendliche, hohe, höchste Vergnügen (freudig sage ich es, daß ich kein höheres kenne), den Horizont meiner Erkenntniß sich erweitern, dunkle Gegenstände an das Licht der Klarheit hervortreten zu sehen..., mit Genugthuung betrachte ich die Notizen, die ich mir nach den Stunden der Psychologie aufgeschrieben, denn aus keiner der Vorlesungen, die er vom 21. Oktober bis zum 6. Februar, 8 Tage vor seinem Ende, mit heldenmüthiger Tapferkeit und wahrer Lehrertreue gehalten, fehlen die Bemerkungen. Ich durfte mich zu den fleißigsten Zuhörern zählen. Bei ihm fleißig zu sein, dazu gehörte nichts. Zu dem Gegentheil gehörte Ermuthigung. Es war bei Allen, die sich von ihm angezogen fühlten, Sitte, ihn immer zu hören, so in seinen Vorlesungen, wie in seinen Predigten. In seiner Kirche sah man immer dieselben Menschen an denselben Plätzen, in seinem Hörsaale saß Jeder an einer festen Stelle. Wie hingen dort die Blicke der Hörenden an seinem Munde, wie oft habe ich, besonders in dem Antlitze von Frauen... nicht blos Andacht und Erbauung, sondern die innere Freude über die Gedanken und ihren Lauf in dem System des großen Redners gesehen, und wie wenig ermüdeten die Federn von 150 Studenten, eine ganze Stunde lang den schweren Versuch zu machen, die Entwicklung, den Denkprozeß, der sich vor ihren Augen und vor ihren Ohren in der seltensten Weise begab, fest zu halten und sich wie einen köstlichen Schatz zu bewahren, zum Genuß für künftige Stunden. Ich will es nicht leugnen, mit einigem Vorurtheil oder mit manchem Zweifel belastet.., besuchte ich Anfangs seine geistlichen und seine philosophischen Vorträge. Aber wie Schuppen fiel es von meinen Augen, als mir die Wahrheit im objektiven wie im subjektiven Sinne lebendig vor Augen stand. Ach mit Wehmuth denke ich daran, daß mein Geschick mich nicht früher in seine Nähe geführt, ich würde mich einer andern Bildung zu erfreuen haben —, nicht kann ich es schildern, mit welcher Besorgniß ich Zeuge davon war, daß er trotz fortschreitender heftiger Brustaffektion in den feuchtkalten Februartagen morgens um 7 Uhr zu lesen fortfuhr, bis...

Ja ein Stern ist untergegangen..., denn seit Sokrates Tod hatte, so weit meine Kunde reicht, also seit 22 Jahrhunderten hatte die Welt nichts Aehnliches oder Gleiches mehr gesehen.... Seine Methode war die untersuchende, von der Erfahrung ausgehende, entwickelnde, kritische, elementarisch-wissenschaftliche, die dialektische Methode... Sie allein genügte diesem ungewöhnlichen Geist, ja sie war das ursprüngliche Eigenthum desselben. Unter seinen Händen gewann Alles, auch das Alltäglichste, den Reiz der Neuheit und Frische, weil er alles untersuchte und von allen Seiten untersuchte. Es gibt keine Methode, die so den Geist erregt, als die, die er anwandte. Es war ein lebendiger Denkprozeß, der Prozeß des Denkens stand Jedem, der vor Schleiermacher saß, in der lebendigsten, unmittelbarsten, ergreifendsten Anschauung vor Augen, man sah denken, man hörte denken, man fühlte es. Man erkannte in ihm die lebendige Werkstätte des zeugenden Geistes, man beobachtete das Werden der Gedanken und man fühlte sich selbst zum Gedankenerzeugen erregt und bewegt. Wer von ihm nicht denken lernte, konnte es nirgends lernen. Er war der Sokrates der Studenten, und wenn es erlaubt ist, nach Personen die Methode zu bezeichnen, so kann man mit eben dem Rechte, wie man von einer Sokratischen Methode spricht, auch von der Schleiermacher'schen reden. Wie Jener die Zuhörer fragte und diese antworteten, so fragte Schleiermacher sich selbst und den Menschengeist und — er antwortete. Seine Methode war die sokratische in ihrer zeitgemäßen Anwendung auf die Wissenschaften der Gegenwart in den Hörsälen der Universitäten des 19. Jahrhunderts. Es ist mir schon als Student zweifelhaft gewesen, ob das Akroama geeignet sei zur Erreichung des höchsten Ziels der Akademie: geistige Selbstthätigkeit und Selbstständigkeit der Akademiker, und je mehr ich darüber nachdenke, desto zweifelhafter wird es mir, ja ich bin eigentlich vom Gegentheil überzeugt; aber wenn die gewöhnlichen Umstände eine andere Methode nicht zulassen, so war die Schleiermacher'sche Methode das Vollendetste, was sich erreichen läßt. Denn seine akroamatischen Vorträge waren der ganzen innern Form nach erotematische. Der Zuhörer antwortete zwar nicht laut, aber er antwortete im Stillen, und er hörte die Antworten des Meisters, die er sich gab auf seine Fragen. Das Wesen der sokratisch=dialektischen, entwickelnden Methode besteht nicht darin, daß der Lehrer den Schüler fragt, also nicht in der Auflösung der grammatischen Sätze in Fragen, sondern darin, daß der Gegenstand, der behandelt wird, sachlich oder seinem innern Wesen nach, in Fragen dargestellt wird. Wer sich daher des Frageunterrichts bedient, ist oft noch sehr weit davon entfernt, sokratisch zu verfahren. Oft ist es nur ein leeres und nichtiges Spiel, ein Abfragen des Prädikates bei gegebenem Subjekte oder des Objektes zu einem vorliegenden Prädikate. Dieses formelle Fragen berührt das Wesen der ächten Sokratik gar nicht. Diese besteht vielmehr darin, daß der Lehrer den Schüler, gleichviel ob durch wirkliche Fragen oder durch akroamatische Entwicklung, dazu erregt, die Fragen selbst aufzufinden, auf deren Beantwortung es bei einem Denkstoffe ankommt, und ihn mit der Begierde, diese Fragen gelöst zu sehen, durchdringt. Gegebene Antworten nützen nur dem, der in sich die Fragen nach ihnen aufgeworfen hat, wie der Genuß der Speisen nur dem Hungrigen schmeckt und ihm wohl bekommt. Darum ist es die Hauptaufgabe des Sokratikers, in den Schülern den geistigen Hunger zu wecken und ihnen den Weg anzudeuten, auf dem sie mit eigner Kraft die Befriedigung des angeregten Bedürfnisses finden können. In solcher Weise erregte und ergriff Schleiermacher die denkende Seele des selbstthätigen Zuhörers, bethätigte die schwache Denk= kraft in der höchsten Potenz und bildete Denker und Forscher. Eine Schule hat der Meister nicht geschaffen, d. h. kein System geschaffen, auf das die Jünger gläubig dem Meister nachschwören könnten..., sein Triumph war es, die Forsch= lust in seinen ächten Schülern zu erregen. Nicht Früchte wollte er erzeugen, sondern Knospen und Blüthen, die reifen möchten in Zeiten, wo er nicht mehr sei. Nicht für schwache Jünglinge, die nur aufnehmen, aber nichts verarbeiten konnten oder mochten, war er, sondern für die starken... Allerdings glichen seine Vorlesungen nicht glänzend ausge= schmückten Waarenlagern, wo man sich mit ererbtem Gelde mit dem nöthigen Vorrath für die Lebensreise versehen konnte. Daß er bei vieldeutigen, schwer verständlichen oder bis heute noch bestrittenen Ansichten oft nur diese selbst und die Gründe, die für die entgegengesetzten sprachen, nicht seine eigne Meinung, die jedenfalls eine bestimmte war, mittheilte, darin mußte ich nach einiger Ueberlegung einen Beweis der wahren Lehrergröße dieses Mannes erkennen. Tausende hätten ihm nachgebetet, sich auf seine Autorität berufen, weil es Schleiermacher war, der es gesagt, aber er ver= schmähte den blendenden Ruhm, ein Gesetzgeber zu sein; er wollte nur zur Auffindung der Wahrheit anleiten, die Geister nicht von sich abhängig, sondern selbstständig machen. Gibt es Geistes=, wahre Lehrergröße, so ist es diese, oder keine. Sein Wirken war ein augenblickliches, aber zugleich ein nach= haltiges, für den, der sich dem Meister nachbildete, fürs ganze Leben und nach allen Seiten und Richtungen hin. Scherzweise sagte er selbst, daß die Studenten nichts bei ihm lernen könnten. Er hatte recht; wenig oder nichts nahm man von ihm hinweg, was unmittelbar im Leben oder an dem grünen Tische Geltung hatte; er war kein Münzmeister, der Jeden mit einer Anzahl von ausgeprägten Geldsorten versah, aber die Zu=Tage=Förderung edler Metalle aus dem Schachte des Geistes lernte man bei ihm und die Münzkunst selbst."

In welchem Lichte ihm sein Zeitalter und seine Zeitgenossen erschienen, spricht sich in Folgendem aus:

„Es ist ein trauriges Geschäft, den Ankläger der Zeit zu machen. Wie viel glücklicher sind diejenigen, welche aus Ueberzeugung die Zeit, in der sie leben, loben, die Personen, die als bewegende Faktoren dastehen, als die Heroen der Zeit preisen können: Der Beifall der Welt entgeht ihnen nicht, und die Güter derselben sammeln sich bei ihnen zu Hauf. Nach diesem Glücke kann ich nicht streben; meine Ueberzeugung läßt es nicht zu. Mir färbt sich Vieles, was Andern schwanweiß leuchtet, grau in grau oder grau in schwarz..."

„Der Leichtsinn der Zeitgenossen erscheint mir wie eine ungeheure Ironie des Schicksals. Wir sollten, meine ich, Tag und Nacht darauf sinnen, wie wir die Aufgabe der Zeit, d. h. die Fundamentirung für Jahrhunderte lösen könnten; wir sollten nur den schweren Ernst auf der Stirne, die Gelegenheit auf der Zunge, die Gewissenhaftigkeit im Herzen haben, und:.. — Der Leichtsinn ist den Zeitgenossen auf die Stirn geschrieben, ihre Zunge theilt nur Witzworte und Anekdoten mit, und ihr Herz hängt an den sinnlichen Freuden der Welt, die vorüberrauschen wie ein Gastmahl, eine Carnevalslust und ein Ballet..."

„Blick um dich herum und frage dich: wo finde ich naturkräftige, naturwahre, naturwüchsige Menschen? Wie viele sind ihrer unter 100 zweibeinigen Kreaturen? wie viele blasirte, abgesüßte, physisch und geistig entnervte, stumpfnervige und stumpfsinnige, entmannte und entmenschte, ausgeweidete, kopf= und herzlose, gefühlsschwache, außer sich gesetzte, schief= und hohlköpfige, an alles Andere, nur nicht an sich selbst glaubende und sich vertrauende, darum entwurzelte, wortgläubige, anschauungslose und sachleere, kurz: künstlich präparirte, verschrobene, g e m a c h t e Menschen kommen auf einen, von dem man sagen kann: er sei eine N a t u r — er sei so, wie die Natur ihn gewollt hat? Sie wollen die Natur, die gottgegebene, darum heilige Natur korrigiren — ein ganzer Naturmensch würde irrsinnig werden bei dem bloßen Gedanken an die Folgen dieser methodischen, man denke: oft heilig gepriesenen Raserei gegen die Natur — bei der Vorstellung, wie ein Einschließen des Körpers in Schnürleiber, in enge Straßen und dumpfe Stuben, wie ein den Geist durch Gedächtnißbelastung abstumpfender

Unterricht... wirken müssen auf Wesen, Menschen genannt 2c."

„.. Das 19. Jahrhundert ist das Jahrhundert des Kampfes zwischen Wahrhaftigkeit und Scheinheiligkeit, wesentlich auf den Gebieten der Politik und Religion."

„.. Man wird das 19. Jahrhundert als das Jahrhundert des Egoismus, der sich in politischer Beziehung als Servilismus und Kriecherei, in religiöser als Heuchelei offenbart, im Ganzen als das Jahrhundert der Heuchelei charakterisiren..."

„Das eben ist für mich eine der unbegreiflichsten Erscheinungen, daß man, hat man einmal angefangen, öffentlich zu wirken, im Ganzen zu leben, damit aufhören und sich auf seine enge Privatthätigkeit beschränken kann. Ich gestehe es: hier hört bei mir alles Verstehen des Menschenwesens auf... Die Lauen, Trägen.., Egoisten — die sind die eigentlichen Verderber der Welt, die weltklugen, planvollen, berechnenden Menschen, die nur solche Schritte thun, die ihnen etwas einbringen!.."

„Wie sollte es einem Menschen, der dieser Zeit angehört, möglich sein, nur an sich, nicht ans Allgemeine zu denken, die Alle treffenden Leiden nicht mit zu empfinden, nicht für ein Allgemeines.. zu wirken? Wie muß das Gefühl einer Menschenseele zusammenschrumpfen, wenn sie für allgemeinere Interessen keinen Sinn mehr hat!"

Speziellere Bekenntnisse über sich selbst, theils über die Wahl seines Berufes und über seine pädagogische Richtung, theils über seinen Charakter enthält Folgendes:

„.. Sobald mir das Schöne und Herrliche einer Schullehrer-Bildungsanstalt aufging, wünschte ich nichts inniger und sehnlicher, als selbst die mir von Gott verliehenen Kräfte einer solchen Anstalt zu widmen. Ich glaubte in meiner großen Vorliebe für die Bildung künftiger Lehrer einige Anlage für diesen Wirkungskreis in mir zu erkennen und darin gleichsam die Stimme der Natur und den Finger Gottes zu erblicken..."

„Des erziehenden Lehrers Zweck und Ziel ist die Entwicklung des Zöglings und Schülers, ist die den in der Menschennatur liegenden Gesetzen entsprechende freie Entwicklung, hinauf bis zur Befähigung zu freier Selbstbestimmung...."

„Die Schule soll den guten Antrieben und den fördernden Bewegungen im Leben folgen. Sie kann denselben auch vorauseilen und den Unterbau selbstständig begründen..."

..."Als geringste Erwartung und Forderung an die Lehrer der Gegenwart darf man wohl die stellen, daß sie sich von den guten Trieben nach freier Entwicklung des Ganzen und folglich ihrer Schüler ergreifen lassen und in diesem Sinne wirken.

Irre ich mich nun an und in mir selbst nicht, so habe ich zur Erkenntniß dieser Zeitaufgabe und zur Anwendung der zu ihrer Realisirung erforderlichen Mittel — auf dem bescheidenen Gebiet der Schule — etwas beigetragen, wenigstens beitragen wollen..."

"Dem ächten Lehrer kommen die besten Gedanken von und unter seinen Schülern. Es gibt welche, die in Gegenwart des Revisors besser lehren, als wenn sie allein sind, bei andern verhält es sich umgekehrt. Ich gestehe, daß ich zu den letzteren gehört habe. In Gegenwart eines Fremden, oder gar eines Revisors, kam mir nie ein Gedanke, mich genirte jeder Fremde. Es überkam mich das Gefühl, als wenn in meinem Innern eine Klappe geschlossen würde. Im öffentlichen Examen vor dem Publikum habe ich mich nie einer gewissen Beklommenheit erwehren können; ich mußte mich unbeobachtet wissen, wenn ich mich frei fühlen sollte... Durch den Besuch meines Unterrichts habe ich viel Pein ausgestanden. Unterrichten und Bilden gedeiht am besten in Stille und Verborgenheit."

"Ich kann und will es nicht leugnen, ich liebe ihn (den Streit) ausnehmend, ich freue mich, wenn mich Einer angreift, ich fühle die Schwere der Tage, wenn ich nicht wenigstens Andere im Kampfe sehe..."

"Man hat mir nicht selten in der Bekämpfung der Gegner Derb- und Schroffheit vorgeworfen. Es ist wahr; ich muß meine Schuld bekennen, kann aber hinzufügen: ich habe sie mit Absicht übernommen. Als ich zu schreiben anfing, erlagen die meisten Lehrer der unterthänigsten, beschränktesten Gesinnung; ein Superintendent, ein Regierungsrath, ein Propst war für sie eine Art von Herrgott, eine untrügliche Person. Von diesem Servilismus mußten sie befreit werden, ich hielt es darum für klar erkannte Pflicht, ihnen mit meinem Beispiel voranzugehen, und mußte es mir gefallen lassen, mit jenen Vorwürfen belastet zu werden; glücklicher Weise konnte ich sie tragen..."

„... Hoffentlich sind wir von der Ansicht weit entfernt, als könne oder dürfe der Mensch seine früheren Ansichten, Ueberzeugungen, Meinungen nicht ändern..., selbstverständlich reden wir damit der landsüblichen Ueberläuferei und plötzlichen Umkehr nicht das Wort..."

„Einstmals stand ich auf engherzig konfessionellem Standpunkte — die Pädagogik hat mich davon befreit..."

„Ein Freund der Bewegung, der Freiheit, der Evolution und der lebendigen Entwicklung der Nation und der Menschheit, kenne ich doch nichts Grauenhafteres, als wenn die Gewalt in die Hände des Pöbels und der rohen Kräfte gelangt."

II.
Religion und religiöse Bildung.

„Religiosität ist die Sehnsucht, sich mit dem Ideal alles Guten, sich mit dem Höchsten in Harmonie zu setzen."

„Die Hochachtung der Menschenwürde und die alle Menschen umfassende Liebe bilden nach meinem Bedünken den praktischen Kern aller wahren Religion. Der strenge Konfessionalismus frißt dieselbe an; Toleranz und Humanität nehmen mit ihm ab oder schwinden."

„In jeder Art von Intoleranz steckt ein böses Prinzip."

„Wer aus eigennützigen Absichten.. sich zu einem Glauben bekennt, verfällt dem Laster des unsittlichen Glaubens... Wer das Glaubwürdige aus reiner Liebe zur Wahrheit fest und hoch hält, hat den sittlichen Glauben. Und wer gleichfalls aus Liebe zur Wahrheit dasjenige verwirft, was Andere für wahr halten und glauben, hat in Beziehung auf diese den sittlichen Unglauben."

„Nur auf dem Wege der Gewissensfreiheit ist eine Belebung des religiösen Geistes der Zeit zu erreichen."

„Der theoretische Pantheismus oder Atheismus (dessen wirkliche Existenz ich bezweifle) ist das Entehrendste nicht; dies ist der praktische Atheismus, der sich in der Selbstsucht und Menschenfeindschaft offenbart. (!!) Ueber die unanschaubaren Dinge können wir nicht gleich denken; wenn wir nur eines sind in der Gewissenhaftigkeit und Treue!"

„Groß von der Natur denken, heißt groß vom Schöpfer

denken... Die Naturstudien.. verbreiteten die Humanität.... Wer die Natur als Einheit auffaßt und sie für die Spenderin alles irdischen Wohlseins und Glücks erklärt, dessen Gefühl wird nicht fern sein von der Pietät vor der Natur, nicht fern von der Urreligion, in deren Kultus sich zuletzt, so verschieden sie sonst sind, alle wahren Religionen vereinigen. In der Naturbetrachtung liegt ein Anknüpfungspunkt für jede Art der Entwicklung wahrer Religion. Es gibt sehr viele Menschen, denen man nur auf diesem Wege beikommen kann."

„Wenn es wahr ist, daß die Lösung aller Fragen auf die Grundfrage nach der Religion zurückgeht (denn ohne Religions- und Gewissensfreiheit gibt es gar keine Freiheit, nicht einmal Forschungsfreiheit), so geräth man in Erstaunen, daß es Tausende und aber Tausende gebildeter Menschen gibt, die den Drang, sich über sie und die anderen, welche die Welt bewegen, offen zu äußern, gar nicht in sich verspüren."

„Der religiös-sittliche Geist soll die Schule und alle Thätigkeiten in ihr beherrschen."...

„Die Religion ist mit allen Elementen des Wissens und der Bildung vereinbar."

„Die Sittlichkeit steht in naher Verwandtschaft mit dem Glauben, aber sie ist davon nicht absolut abhängig. In höchster Potenz ist sie selbstständig in sich, entstammt der reinen Liebe zum Guten; ist diese selbst."

„Es gibt viele Religionen, aber nur ein Sittengesetz."

„Die auf einem bestimmten (einzelnen, spezifischen) religiösen Bekenntniß aufgebaute, die eigentlich theologische Moral ist zweideutiger Natur, indem sie nur zu häufig mit der Liebe zu einem kleinen Theile der Menschheit (den Glaubensgenossen), mit Zurücksetzung der übrigen (großen) Menschheit verbunden zu sein pflegt."

„Was Gott thut, ist immer weise."

„Wer auf orthodoxem Standpunkt steht, kann weder das Prinzip der freien Entwicklung nach Naturgesetzen, noch auch den Grundsatz, auf welchem der Anschauungsunterricht ruht, adoptiren."

„Der Haß gehört zum Wesen des ausschließlich selig machenden Glaubens."

„Ohne den Geist des Christenthums ist kein Fortschritt, keine Beredlung der Menschheit denkbar."

„Das subjektive Prinzip ist das bewegende protestantische Prinzip, ist der Protestantismus, nämlich nicht der still gestellte, sondern der entfesselte."

„Protestantismus und freie Bewegung in jeglicher Beziehung dieses großen Wortes sind identische Begriffe... Stagnation in irgend einer Beziehung ist Katholicismus, ist nach Göthe Pfaffenthum, das aber troß alledem sowohl in politischer wie socialer Beziehung dem zu Buchstaben und Buchstabenglauben erstarrten Lutherthum, wie es heut zu Tage selbst ganz gegen den Geist Luthers von drängender Seite uns anempfohlen wird, vorzuziehen ist."

„Jedenfalls scheint die Behauptung, daß der Stoff als das alleinige Prinzip des Lebens angenommen werden müsse, bis jetzt nur noch eine Hypothese zu sein."

„Die voraussetzungslose Forschung darf nicht verhindert, nicht gestört werden."

„Von welchen Leuten sind Erfindungen gemacht, die Wissenschaften gefördert worden? von den Gläubigen oder Naturforschern?.."

„Von den Forschern geht kein Bann, keine Verbannung, kein Fluch, keine Verketzerung 2c. aus..., dafür sorgen andere Leute."

„Der Materialismus steigt, wahrlich nicht zu unserer Freude, leider nicht blos... der materielle, sondern auch der geistige Materialismus, will sagen: nicht blos das Jagen nach irdischen Schätzen, sondern auch die Ansicht, daß nichts existire, als Stoff und Kraft. Die erste Art des Materialismus fördert den zweiten, die zweite steigert den ersten... Und mit beiden Arten des Materialismus steigen Luxus und Theuerung."

„Ich glaube an die Unsterblichkeit der Seele mit persönlichem Bewußtsein."

„Die Mystik besitzt die ansteckende Kraft der Epilepsie und des Veitstanzes."

„Der Gottesmensch muß im Bürger, der Bürger im Gottesmensch aufgehen."

„Die Blüthe aller schönen Menschen- und Menschheitsentwicklung offenbart sich in der Religion. Sie ist der Gipfelpunkt aller Entwicklung, aber nur.. der freien Entwicklung."

„Wer unbedingtes Glauben fordert, den halten wir für einen Feind der Wahrheit."

„Wir glauben als Christen an die Wahrheiten des Gehalts der heiligen Schrift."

„Daß den wahren Christen eine selige Unsterblichkeit erwarte, das ist die Hauptsumme unseres Glaubens."

„Höher als alles Wissen und alle Vernunft ist der Friede Gottes in dem gläubig=frommen Gemüthe, das Gott liebt."

„Welches größere Gut kennen die Völker, welches ist das Palladium, das die heiligsten Rechte des Menschen schützt, als die Geltung und Anerkennung der Gewissensfreiheit im Gebiete der Religion? Und welcher Staat ist seit Jahrhunderten vorzugsweise der Träger, Pfleger und Erhalter der Glaubensfreiheit gewesen? Kein anderer als der **preußische Staat...**"

„Dem Subjekte die Berechtigung zu selbstständiger Entwicklung abzusprechen, ist katholischer Grundsatz; das protestantische Prinzip anerkennt die unverlierbare Berechtigung des Subjekts."

„Der ein bestimmtes religiöses Bekenntniß fordernde, auf einen formulirten Glauben sich stützende.. Staat führt zu **unsittlichen** Resultaten (die „Gerechtigkeit" gegen die Staatsgläubigen wird zur Ungerechtigkeit gegen die Andersgläubenden). Den Staat geht der religiöse Glaube der Angehörigen nicht das Geringste an, es ist deren Privatsache; er darf nach nichts Anderem fragen als nach der Tüchtigkeit (welche die Sittlichkeit einschließt)."

„Das Christenthum ist die Religion der freien Untersuchung, der Persönlichkeit und Individualität."

„Wenn eine Staatsreligion existirt, so erscheint jede offen erklärte Abweichung von derselben nicht blos als eine religiöse oder kirchliche Verirrung, sondern, was viel schlimmer ist, als eine Beleidigung, als ein Angriff, als Opposition gegen den Staat."

„Mangelhafte Staatseinrichtungen.. lassen die Menschen nicht nur nicht zu äußerer Blüthe des Lebens gelangen, sondern sie lassen auch die Religiosität, lassen die Sittlichkeit nicht aufkommen, oder von diesen höchsten Eigenschaften höchstens nur Verkümmerungen und Zerrbilder."

„Die Sittlichkeit kann mit dem Glauben der Art verknüpft sein, daß die Sittlichkeit die Folge des Glaubens ist.. Dies ist die **gläubige Sittlichkeit.**"

„Man kann aber auch unsittlich (ungerecht, unduldsam,

elbst grausam..) sein aus Glauben. Dies ist die gläu=
bige Unsittlichkeit."

„Man kann sittlich und zugleich ungläubig sein: — un=
gläubige Sittlichkeit."

„Endlich können Unsittlichkeit und Unglauben zugleich in
einer Menschenseele wohnen: — ungläubige Unsitt=
lichkeit."

„Die höchste Aufgabe, die der Mensch im Erdenleben
erreichen oder lösen soll, ist ohne Widerspruch die sittlich=
religiöse Ausbildung seiner Seele."

....„Eine dem Menschen im Zustande seiner Unmündig=
keit aufgenöthigte Religion hemmt und verstümmelt das
Wachsthum des menschlichen Geistes. Nichts verträgt weni=
ger einen Druck als die religiöse Anlage. Nichts in der
Welt gleicht der Feinheit ihrer Natur.. Willkürlich und
blind in sie einzugreifen, verräth das rohe, unheilige Wesen
eines Menschen..."

„Heilig, heilig, heilig ist dem Erzieher.. die Menschennatur.."

„Die religiöse Anlage verträgt nicht den geringsten
Zwang;.. deswegen wirkt der Versuch einer vorzeitigen Ent=
wicklung derselben.. so verderblich;.. deswegen ist nur die
Religion in dem Individuum eine wahre, welche als natur=
gemäße Blüthe seiner Gesammtentwicklung er=
scheint; und eben deswegen, weil er geistige Einklemmung
ist, trägt unser dogmatischer Religions= und Katechismus=
unterricht so bittere Früchte.."

„Der Religionslehrer soll sich bestreben, von ganz ver=
schiedenen Seiten durch Geschichten das religiöse Gefühl des
kleinen Schülers zu wecken und ihn demnächst anzuleiten, die
darin liegenden Momente aufzufinden und sich zum klaren
Bewußtsein zu bringen, sich dagegen wohl hütend, die ab=
strakten Lehrsätze und Gebote in Katechismusform ihm vor=
zulegen und aufzunöthigen. Ich mag den Katechismus be=
trachten, wie ich will, ich kann ihm keine empfehlenswerthe
Seite (am wenigsten für ein frühes Alter) abgewinnen; die
dogmatisirende Weise desselben wirkt auf den Schüler ebenso
nachtheilig (die Selbstthätigkeit des Gefühls ertödtend) wie
die dogmatisirende Philosophie auf den Schüler der Aka=
demie."

„Für Keckheit und Frechheit halte ich es, Unberufene,
d. h. solche, die nicht durch eignes Nachdenken selbstständig

zu Wahrheiten gelangen können, zu Ansichten zu bereden, die man nur auf dem Wege des Selbstdenkens und Selbstfindens ertragen kann, weil man nur durch diese Selbstthätigkeit die Kraft gewinnt, sie zu tragen. Frechheit und Gottlosigkeit ist es, einen Menschen vom Selbstdenken zurückzuhalten, aber keine geringere Gottlosigkeit ist es, Andern den Glauben wegzudisputiren, in dem sie beruhigt.. werden. Der Glaube an die Selbstständigkeit und Unsterblichkeit der Seele ist dem armen Menschen so süß, die Hoffnung auf vollkommneren Zustand Jenseits, als das diesseitige Leben darbietet, so erhebend, daß sich der, der nur etwas Gewissen und einige Menschenliebe hat, gewiß zehnmal besinnen wird, bevor er es über sich gewinnt, das diesem Glauben entgegengesetzte Resultat seines Nachdenkens ohne unwiderlegbare Beweise auf den öffentlichen Markt zu bringen.."

„Der Lehrer ist.. berechtigt, sich eine selbstständige Meinung über den Inhalt der Religionslehre zu bilden...."

„In der Frage des Religionsunterrichts ist die Zukunft, die Wirksamkeit, die Stellung und die Bedeutung der Schule beschlossen.., (also immer von Neuem zu besprechen)."

„Wissen und Können sind beim Lehrer nichts werth ohne Religiosität.." „Der Schullehrer soll ein Religionslehrer sein!"

„In der Schule soll ein religiöser Geist herrschen, und zwar in christlichen Schulen ein Geist des Christenthums."

„In dem Lehrerseminar wird auf den Religionsunterricht vorzugsweise Werth gelegt."

„Die beiden Zwecke des Menschenlebens im Diesseits und Jenseits muß die gute Schule nicht aus dem Auge verlieren."

„Christus ist das unwandelbare Ideal aller Lehrer und Erzieher."

„In die Kreise der Jugend gehört nicht das Trennende, sondern das Einende."

„Die pädagogische Schule verwirft im Unterricht die Rücksicht auf Staats=, kirchliche, Standes= und Berufsverhältnisse —, sie hat es lediglich mit der Bildung des Menschen zu thun."

„Die Thätigkeit der Lehrer und Schulerzieher wird keine freie, so lange man sie zwingt, den Kindern Glaubensbekenntnisse aufzulegen und sie nachsprechen zu lehren.."

„Konfessionsschulen machen Gemeindeschulen unmöglich.."

„Die Unterscheidungslehren gehören vor das Bewußtsein des Menschen, wenn er die Gabe der Unterscheidung gewonnen hat. Das Allgemein=Christliche ist auch das Allgemein=Verständliche, wie das Allgemein=Vereinigende."

„Der Parteistandpunkt in Kirche u. s. w. soll vom Einzelnen gewählt, errungen werden."

„Alles Aufgedrungene, passiv Angenommene ist der Religion feind.."

„Die allgemeine Humanität erhält kein reales Fundament, so lange man die Kinder in Konfessionsschulen absondert.."

„Gibt es für das reine, unschuldsvolle Gemüth ein tödtlicheres Gift als die Lehre von seiner allein selig machenden Kirche... und von den Ketzern da draußen, den ewiglich Verdammten!"

„Der Trost, die Beruhigung kommt in der That nur allein aus dem Glauben an eine Alles, auch die Irrthümer der Menschen lenkende, gütige, liebevolle Vorsehung. Mit ihm steht, ohne ihn sinkt Alles zusammen, was Menschen zusammen denken und sprechen mögen. Darum pflanze man ihn nur im frühesten Alter in das Herz der Kinder, die man lieb hat, nicht durch Worte allein, die es auch hier nicht thun, sondern durch Leben und Sein —, durch ein Leben voll Redlichkeit und Treue, durch christlichen Sinn und christliches Leben.."

„Die Wirksamkeit eines Lehrers ohne Religiosität taugt nichts."

„Zu der Lehrer=Religion rechne ich vorzüglich ein Dreifaches: das Streben nach Wahrheit, die Lust an Erforschung der Wahrheit — die Freude an dem Umgange mit Kindern — die tüchtige Wirksamkeit in seinem Beruf."

„Kein Gegenstand verdient in der Schule aufmerksamere Berücksichtigung und Würdigung als der Religionsunterricht."

„Wehe der Schule, wenn der Lehrer nicht ein ernster Mann ist, wenn er den Ernst des Lebens und des Lernens nicht tief erfaßt hat; wenn der Ernst nicht ein Grundzug seines Charakters ist."

„Was der Mensch nicht fassen, nicht in das Licht

seines Bewußtseins hineinheben kann, das, möge er zehnmal daran glauben und 100mal darauf schwören, als auf die untrüglichen verba magistri — das ist und bleibt für ihn eine rudis indigestaque moles, ein caput mortuum, das nimmer zu seinem Herzen reden, nimmer seine Willenskraft anregen und bestimmen kann.."

„Der Religionsunterricht hat nur dann Erfolg, wenn er in Dem, der die Belehrung empfängt, zur innern Ueberzeugung wird, in Geist und Empfindung eingeht und Leben erzeugt.."

„Der Lehrer hat seine von der Kirchenlehre abweichenden Ueberzeugungen dem Schüler nicht mitzutheilen: aus Gründen der Pflicht und pädagogischen Gründen."

„Ist die Unterweisung in einer bestimmten Religions- oder Kirchenlehre einer Schule vorgeschrieben, so muß diese demgemäß handeln.."

„Das Kind muß in seiner Unschuld.., in seinem Glauben und Vertrauen erhalten werden, Polemik gegen Glaubenslehren ist hier an unrechter Stelle.."

„Wenn der Lehrer in sich die religiöse Gesinnung ausbildet, so wird er ein Religionslehrer sein; wo nicht, nicht, und wenn er jeden Artikel, jeden Satz, jedes Wort des rechtgläubigen Symbolums beschwören sollte."

„Wunder, welche der Lehrer selbst nicht glaubt, behandele er als Geschichte."

„Der öffentliche Lehrer lehrt konform dem Lehrinhalt seiner Kirche. Aber Niemand hindert ihn, sein subjektives Gefühl, seine subjektive Stimmung hineinzutragen und mit diesen Faktoren, die mächtiger wirken als der buchstäbliche Inhalt, ja diesen erst lebendig machen, auf die Kinder zu wirken.."

„Die nationale Größe Deutschlands ruht auf der innern Kraft, die ohne Einheit der Gesinnung der Bürger unmöglich ist. Diese Einheit muß in der Jugend angebahnt werden. Deswegen verlangte ich statt der ab- und ausschließenden Konfessions-Schule die National-Schule... Vom politisch-nationalen Standpunkte aus muß man die Konfessionsschule verwerfen.. Dasselbe muß zweitens vom Standpunkte des Protestantismus aus geschehen."

„Die kirchliche Pflege der Volksschule in dem Sinne, daß Alles kirchlich gerichtet werden soll, verballhornt den Unterricht und das Wesen der modernen Schule.."

III.

Ueber öffentliches Leben, Gemeinsinn und Standeserziehung.

„Das Streben der edelsten Geister ist auf die Verbesserung menschlicher Zustände im Großen und Ganzen gerichtet.."

„Der Grad der politischen Bildung des Volks hängt ab von dem Grade seiner intellektuellen Bildung."

„Volksbildung ist Volksbefreiung im weitesten Sinne des Worts.."

„Die Landesvertretung muß ein getreues Abbild des Staates, ein Mikrokosmus des Makrokosmus sein; deshalb müssen alle im Staate thätigen Faktoren in ihr ihre Repräsentanten haben.

„Die Weckung des Gemeingeistes ist das höchste, erhebendste Problem der Zeit.."

„So tief sind wir gesunken, daß wir auch nicht ein einziges, allgemeines, von Ideen belebtes Fest mehr haben!!" (Jugend-, Frühlingsfeste zu feiern 2c.).

„Solche gesteigerte Einsicht (in die Bürger- und Menschenrechte) sichert den Staat allein für immer gegen die Macht wild gährender Leidenschaften und fanatischer Einflüsse exaltirter Brauseköpfe.."

„Wahre Aufklärung über die öffentlichen Verhältnisse des Lebens ist nach meinem Ermessen ein wahres Gegengift gegen alle revolutionären Gesinnungen.."

„Ohne Gliederung und Zusammenschaarung gleichartiger Kräfte, welche dieselbe Tendenz haben, existirt für den vom Gemeingeist hoch belebten Mann kein Heil und kein Segen..."

„Wie will man auf eine Bürgerschaft wirken, die nirgends in Organen und Gliedern erscheint?"

„Jeder Bürger, hinab bis zum Tagelöhner, ihn mit eingeschlossen, muß einem kleinen geschlossenen Ganzen, einer Gesellschaft, einer Korporation angehören. Man vereinige z. B. die Standesgenossen..., hier hat jedes rechtschaffene Glied der Gesellschaft Sitz und Stimme. Sie berathen die Rechte ihres Vereins, denken an die Vervollkommnung ihres Gewerbes, und stehen einander bei in Rath und That.."

„Nicht blos die Handwerkerstände seien verbunden, sondern ebensogut die Aerzte, die Lehrer, die Juristen.."

„Wir durchdringen durch unsere Organisation alle Korporationen mit dem Prinzip des Gemeingeistes und der Ehre... Mit dieser Organisation findet sich Alles, was etwa noch thun möchte: Sittenpolizei, Ehrengerichte, Unterstützungskassen, Fortbildungsanstalten in technischer Hinsicht.."

„Die Nachwelt wird einige Mühe haben, unsere Zeit zu begreifen, es zu begreifen, daß ganze Gesellschaften und Vereine, ja die gebildetsten, wissenschaftlichen Männer für alles Andere oft mehr Sinn haben, als für die Gestaltung des öffentlichen Lebens. Machet den Versuch! Wählet euch die kenntnißreichsten, durch den Geist des Alterthums aufgenährten, wissenschaftlichen Männer, sehet und höret, welche Anerkennung, welch ein Lohn euch erwartet, wenn ihr eine historische oder antiquarische Dunkelheit der alten Welt mit Scharfsinn ans Licht ziehet, und erlebet es darauf, was euch dagegen wird, wenn ihr über ebenso wenig begriffene, dunkel gebliebene Verhältnisse des gegenwärtigen gesellschaftlichen Lebens sprechen wollet!"

„Eine möglichst vollständige, wahre Aufklärung über öffentliche Verhältnisse, über Staatsformen, Regierungsangelegenheiten, Gesetz und Rechte.. erscheint uns als eine unerläßliche Forderung, sobald die Menschen angefangen haben, über diese großen Gegenstände nachzudenken."

„Jedem heranwachsenden Bürger muß der nöthige Unterricht ertheilt werden über die Staatsverfassung, die gesammte Organisation des Staats..., über die Gesetzgebung und Verwaltung desselben und über die bestehenden Gesetze selbst, Unterricht in der allgemeinen und bürgerlichen Rechts= und Pflichtenlehre.."

„Wir halten die unter uns bestehende Ungleichheit des Besitzthums für ein Unglück der Menschheit."

„Wir sind im Leben an einander gewiesen, daß wir Einer dem Andern und Alle dem Ganzen helfen und beistehen; solches verlangt von uns das edelste, höchste Bewußtsein. Wer diese Stimme, diese Aufforderung einmal lebhaft in sich vernommen hat, er wird es nie vergessen, daß er damit das Göttliche in sich empfangen und geboren hat."

„Das Leben im Staate soll ein Leben der thätigen Gemeinschaft, der positiven Theilnahme und der gegenseitigen Hilfleistung sein..."

„Erst wenn die Städteordnungen mehr ins Leben getreten sein werden; erst wenn alle Gemeindeämter als Ehrenämter gesucht sein werden: erst dann wird die Jugend streben, sich zu guten Bürgern auszubilden..."

„Von absoluter Gleichheit kann keine Rede sein. Aber wer kann es leugnen, daß wir die Harmonie des Lebens verloren haben? Mißverhältnisse zwischen Konsumtion und Produktion..., zwischen Zahl der Beamten und der Regierten, zwischen wissenschaftlichen Bildungsanstalten und Anstalten für den Bürger und Landmann..., wer kann sie wegleugnen?"

„Für den braven Mann unserer Zeit gibt es kein Privatglück mehr ohne öffentliches Wohl."

„Menschen revoltiren, weil sie keine Arbeit haben, während Andere Gott danken, daß sie nicht zu arbeiten brauchen. Nein, wem dieser Gedanke das Herz nicht erweicht, wer dabei das schreiende Mißverhältniß in der Vertheilung der Güter der Erde nicht erkennt, dem möchten wir Verstand und Herz zugleich abzusprechen uns versucht fühlen."

„So weit darf sich die Freiheit des Einzelnen nicht erstrecken, daß es ihm überlassen wird, durch seine, wenn auch rechtliche Geschäftsthätigkeit Viele oder Alle zu ruiniren."

„Ohne Gemeinwesen und ohne gemeinsame Thätigkeit Aller zum allgemeinen Besten bilden Menschen eine Menge, ein Konglomerat, aber keine Gesellschaft, keine organische Masse. Eine Gesellschaft besteht und lebt nur durch die Beförderung des gemeinschaftlichen Endzwecks der Gesellschaft; nicht die Massen bilden sie, sondern die in ihr regen Kräfte. Wo diese fehlen, da ist eine Gesellschaft eine Scheingesellschaft. In einer wahren liegen bildende Kräfte, und diese werden nur entbunden durch den Gemeingeist. Gemeingeist und darum Gemeinwesen und darum keine separatistischen

Gesellschaften, keine Sekten in religiöser, keine Sekten in politischer Hinsicht, keine geheimen Orden und Kränzchen, wie sie auch heißen mögen. Denn der Mann muß seine Kraft nicht dem Allgemeinen entziehen, und das geschieht, wenn er in geschlossene, nicht allen guten Bürgern zugängliche, geheime Orden eintritt.. Und weil wir allem Oeffentlichen das Wort reden, darum verwerfen wir alle Privaterziehung, nur die öffentliche, gemeinsame, freisinnige empfehlend."

„Die Gleichstellung des Höchsten mit dem Niedrigsten schwellt das Gefühl der Menschenwürde und Bürgerehre in dem Herzen des Niedrigsten..."

„Das Stuben= und Familienleben der Einzelnen hat auch ungeheure Nachtheile gebracht. Der auf die Familie fast allein beschränkte Mensch wird beschränkt und einseitig, und durch Beschränkung und Einseitigkeit engherzig und egoistisch.. Der Familienmensch ist... kein gemeinnützig wirkender, kein edler Mensch... Solche Familienmenschen ... sind nicht nur nicht gemeinnützig, sondern schädlich wirkende Glieder der menschlichen Gesellschaft... Wir sollen danach trachten, den ächten Familiengeist mit edlem Volksgeist zu vereinigen."

„**Nur die Familie ist der geeignete Ort für die Erziehung zu separaten Gemeinschaften.** Sie selbst ist eine solche abgesonderte, geschlossene Gemeinschaft; in ihr kann, ohne ihr Wesen zu zerstören, eine separatistische Gesinnung herrschen.."

„Ohne Gemeinde= und Städteordnung, ohne freie, innerhalb gesetzmäßiger Schranken freie Selbstbeherrschung der kleinen Gesellschaften im Staate darf man an den aufopferungsfähigen Sinn der Bürger nicht denken. **Ohne Gemeinwesen kein Gemeinsinn..**"

„Wo Gemeingeist herrschend ist unter allen Klassen und Ständen der Gesellschaft, da kann nimmer der Revolutionsgeist Wurzel fassen; denn der Gemeingeist treibt die Einzelnen zu Aufopferungen.."

„**Ich verwerfe hinsichtlich der Schuleinrichtungen jede Zweckbeziehung auf Absonderung.**"

„**Gemeinschaftliche ist der Privaterziehung vorzuziehen.** Besser gemeinsamer Unterricht ꝛc."

„**In unserm Leben herrscht.. der Mangel des Füreinanderdenkens, die Isolirung, der Egoismus.**"

„,. Sollte es nicht möglich sein, unter den anerkannt rechtschaffenen Männern dieser Stadt einen Verein zu stiften, der sich die Beförderung der Bürgerwohlfahrt zum Ziele setzte? — Nur von einem Verein freier Bürger können segensreiche Wirkungen nach allen Richtungen ausgehen. Alles, was in unserm Kreise auf die Wohlfahrt des Einzelnen und des Ganzen Bezug hat, wäre ein Gegenstand der Berathung des Vereins."

„... Es gibt keinen mächtigeren Hebel der Ehrbarkeit und Sittsamkeit, als die Kraft der Gesittung; unter den großen Erziehungsmitteln fürs Leben steht die Macht des Gemeingeistes obenan."

IV.

Psychologisch-Pädagogisches.

„Ich habe mich gegen jede gefärbte Pädagogik, katholische wie evangelische, erklärt, und verlange Pädagogik an und für sich, natürliche, d. h. der Menschennatur entsprechende Pädagogik... Die wahre Pädagogik ist die natürliche, die menschliche, die von jedem willkürlichen Standpunkte freie, die selbstständige Pädagogik.."

„... Ohne Nachdenken über psychologische Erscheinungen ist kein klar bewußtes Handeln als Erzieher möglich; ohne rationelle Psychologie gibt es keine wissenschaftliche Pädagogik. — Weil nach unserem Bedünken die Beneke'sche Psychologie in diesen wichtigen Beziehungen mehr leistet, als irgend eine andere, so halten wir an ihr fest..."

„Ich verstehe unter Verstand und Verstandesreife den Grad der Bildung der Erkenntnißkräfte, wo von selbstständiger Ueberzeugung die Rede sein kann, eine Ueberzeugungsweise, die den Willen beherrscht."

„Weltkluger Egoismus und schaler Kosmopolitismus ist die Blüthe ausschließlicher Verstandesbildung."

„Ohne Erziehung gibt es Klugheit, aber nicht Weisheit.."

„Das Gemüth ist nicht blos die Quelle des Gefühls, sondern auch die Wurzel des vernünftigen Willens, das Fundament der Energie und des Charakters, ja der Urgrund der Intelligenz, der Born des Durstes nach Wahrheit und des Vertrauens zu ihrem Siege... Das wirkliche Gemüth ist im Concert der Geistesfunktionen dasselbe, was des Basses Grundgewalt in der Musik ist.."

„Die deutschen Lehrer denken an Gemüthsbildung.

Pflanzet Achtung und Liebe und Kenntniß der Pflanzen- und Thierwelt in die Seelen der Kinder, und ihr könnt euch des Geschwätzes über Gemüthsbildung überheben..."

„Gemüth ist nicht identisch mit sentimentalem Gefühl, mit Empfindungsschwäche und Lahmheit des Herzens; Gemüthsthätigkeit ist eine starke, treibende Kraft; das Gemüth regt die Erkenntnißkraft selbst an... Gemüth und Verstand schließen einander keineswegs aus.."

„Bei allen fundamentalen Menschen war die Erkenntnißkraft mit gleich energischer Gemüthskraft verbunden."

„Ohne von Ideen beregt zu sein, Ideales verfolgt zu haben, hat kein Sterblicher jemals etwas Nennenswerthes geleistet. Wem das gemein Wirkliche, das Reale, genügt, verfällt unausbleiblich der Gemeinheit, ist unfähig, höheres, reineres Streben in einem Kinde zu entzünden."

„Ich denke, auch der Umstand ist wichtig, ist human, unterstützt die wahre Menschenliebe..., wenn sie zeigen, daß die Sittlichkeit der Menschen in Gefahr geräth durch schlechte Nahrung, ungesunde Wohnung, verdorbene Luft, Unreinlichkeit.. Wenn die Ueberzeugung von diesen Wahrheiten allgemeiner wird: wird man dann nicht daran denken, diese verderblichen Ursachen gründlich und allgemein zu verbannen und Allen ein menschenwürdiges Dasein zu bereiten?"

..."Ein Anderes ist Schüchternheit vor Menschen, ein Anderes Entschlossenheit in der Vertheidigung von Grundsätzen. Beide Eigenschaften vertragen sich in demselben Individuum zusammen. Umgekehrt irrt man sehr, wenn man meint, ein Bramarbas vor Menschen sei auch in dem Festhalten von Ideen ein Held..."

„Kein Unterricht soll die Humanität ausschließen.."

„Aeußere Bildung darf nicht für sich durch künstliche Mittel erzielt werden, sondern muß als Produkt geistiger Bildung und sittlicher Begriffe und idealischen Lebens reifen..."

„Der Kiesel darf nicht mit dem Farbenschmelz des Diamanten schimmern, und der Mensch, der glatt ist wie ein Aal, überzuckert wie die bittere Mandel, gefirnißt wie wurmstichiges Holz, ist ein Teufels Kind. Aeußere Bildung ohne innere waffnet den Bösewicht mit dem giftigsten Geschosse; sie erzeugt verlarvte und verkappte Augendiener, Speichellecker und Verleumder. Plumpe Rohheit, geistige Verbauerung bezeichne jeden Bösewicht, damit das Aeußere vor dem Umgange mit solchen abschrecke... Wer leugnet es noch, daß dem wahrhaft vornehmen Manne die allgefällige Urbanität, der feinfühlenden Frau die Regel des Anstandes und der Sitte von selbst zufalle?... Erst Inneres und damit Aeußeres, ohne Jenes auch Dieses nicht.

Die edle Konvenienz, d. h. das Maß für alle Schicklichkeit und Anständigkeit, liegt im Gefolge gründlicher Menschenbildung..."

„Ohne innere Bildung gibt es auch keinen höheren Takt für das, was allerwärts und zu allen Zeiten anständig und schön; nur äußerlich gebildete Menschen kleben steif an den gemeinen Regeln der Konvenienz und Mode.." „Das Herkommen ist die Vernunft des Pöbels" (Friedr. d. Gr.).

V.

Didaktisch-Methodisches.

„Der Lehrer berücksichtige beim Unterricht: 1) Die selbstthätige Auffassung elementarer Vorstellungen. 2) Die Entwicklung aller abgeleiteten Vorstellungen aus unmittelbaren Anschauungen und Empfindungen. 3) Die Erweckung des Interesses.. an dem Lehr- und Lernstoff. 4) Die lebendige Betheiligung des Lehrers selbst an der Sache und an der Person, und daß der Lehrer den Stoff selbst im Augenblick der Behandlung selbst wieder erzeugt.. Das Letzte ist nur möglich an Stoffen, welche auf naturgemäßem Wege aus dem menschlichen Geiste entsprungen sind, nicht an übernatürlichem Lehrstoff, nicht an Dogmen, die über alle Vernunft, über alles Denken.. hinaus sind... Die Kirchendogmen gestatten keine konkrete, anschaulich lebendige Behandlung. Man kann sie mit der Phantasie ergreifen, oder vielmehr, man kann Phantasiegebilde in sie hineintragen, über sie schwärmen und in dunklen Gefühlen sich an ihnen und über sie ergehen; aber eine innere, natürliche und gesunde Betheiligung des Gemüths an ihnen ist nicht möglich... Der Unterricht über sie bleibt nothwendiger Weise abstrakt."

„Das bloße Mittheilen ermüdet und erschlafft den Menschen; nur das Schaffen erhält ihn frisch."

„Das Vordociren ist keine Kunst, sondern eine Fertigkeit oder Gewohnheit und zwar eine verderbliche. Das An- und Vorgelehrte kann man den Worten nach annehmen und nachsprechen; wenn man es nicht versteht.., so schadet die Annahme nur.. Das Unverdaute lähmt die gesunde Verdauungskraft... Das geistige Verdauen und

Verarbeiten, die selbst erworbene Einsicht und Erkenntniß ist Selbsterziehung, Selbstbildung.."

..„Das Unterrichten ist Selbstbelehren, Finden der Wahrheit durch eigne Anstrengung, ist Selbstthätigkeit, Selbsterziehung und Selbstbildung."

„Aller rein=mechanische Unterricht ist dem Kinde ein Greuel."

„Massenhaft gehäufter Gedächtnißvorrath erdrückt das Urtheil... Dagegen läßt das einmal erweckte Interesse keinen Stillstand zu.."

„Der Unterricht soll entwickeln, üben..., aller Mechanismus ist zu verbannen.."

„Der Methode Pestalozzi's rühmte man nach, daß sie die Geisteskräfte in naturgemäßer Weise anrege und zu Kräften entwickle durch die eigne Kraft des Schülers bis hinauf zu den hohen Eigenschaften der Selbstständigkeit und Selbstbestimmung..."

„Zu einer wahren Katechetik gehört unendlich viel, das sich in 2 Momenten koncentrirt: philosophische Bildung und religiöses Gefühl."

„Nur dadurch weckt man Lust und Liebe zu der Sache und bereitet den eignen Fleiß vor, wenn der Schüler das Gelehrte zu seinem Eigenthum hat machen können.."

„Die dogmatisirende Methode (wie sie die Theologen zu beobachten pflegen) ist leicht, die der entwickelnden schwer, sehr schwer..."

„Nur die sogenannten, aber nicht wirklichen und wahren Abstraktionen sind (im Unterricht und überhaupt) verwerflich und nichtig; das aus wirklichen realen Anschauungen Abgezogene und zum Begriff Erhobene ist der wirkliche, reale Denkinhalt, das eigentliche Produkt der thätigen Denkkraft. Diesen innern, unsichtbaren Prozeß zu vermitteln, das ist eine der ersten Aufgaben des Erziehers als geistbildenden und geisterzeugenden Lehrers. Er erhebt die äußere, sinnlich=reale Welt zur Welt des Geistes."

„Es gibt keine hohlen Begriffe; was man leere Begriffe nennt, sind bloße Wortschälle.."

„Nicht das Abstrahiren verdient verfolgt zu werden, sondern der häufige Gebrauch leerer Wortschälle.."

„Wer von oben herunter ein philosophisches System vorträgt, der okkupirt, drückt nieder, schnürt ein. Wer dagegen philosophirend den Geist zum Philosophiren, d. h.

selbstständigen Nachdenken, anregen und, was das Höchste ist, zum Selbstfinden des Wahren ... bestimmen will, der fängt mit Anschauungen, Erfahrungen .. an ..., mit einem Worte mit der heuristisch=dialektischen Methode, worin Schleiermacher ein so unübertroffener Meister war."

„Hinsichtlich der Quantität des z. B. in der Mathematik auf dem Gymnasium zu Lernenden ist darauf zu halten, daß das Verlangte auch geleistet werde. Unverzeih= lich ist es, nach einem vorgeschriebenen Lehrplan zu ver= fahren und jedes halbe Jahr zu einem folgenden Theile der Mathematik fortzuschreiten, ohne gewiß zu sein, daß die Schüler das Vorhergehende können.."

„.. An Erschöpfung eines einzigen Zweiges der Natur= wissenschaften ist in keinem Jugendunterricht zu denken. Also Auswahl des Wichtigsten, Elementarischen, Desjeni= gen, welches der Jugend zur Anschauung gebracht werden kann und ihr Neigung zu Naturgegenständen und zu Natur= betrachtung einflößt."

„Beim Rechnen kommt auf die Einsicht Alles an. Geht man zu schnell zu Uebungen über, so entsteht der alte Rechen= mechanismus, den wir durch die Pestalozzi'sche Schule be= siegt glaubten.."

„Das Schreibenlernen wird weniger durch unaufhörliche Uebungen, als durch eine verständige Anleitung zu aufmerk= samem Sehen und durch Einflößen von Geschmack am Regel= rechten und Schönen erzielt.."

„Geräthschaften, Waffen, Maschinen, überhaupt tech= nologische, technische Gegenstände sind die passendsten Mittel zu eigentlichen Verstandesübungen. Es ist ganz zweckmäßig, die ersten Anschauungs= und Sprachübungen hauptsächlich an Naturgegenständen oder den einfachen mathe= matischen Körpern vorzunehmen."

„Zu viel in den Schulen gelehrt!" — „Wir lehren Dinge, die derjenige, der sie braucht, späterhin von selbst lernt.."

„Man lehre das Allgemeine, Dasjenige, was zur Er= kenntniß der mathematischen Lage, der äußeren und inneren Form der Länder nothwendig ist, und außerdem das Wich= tigste der Statistik im Allgemeinen und Großen. Für das Spezielle und Einzelne sind die geographischen und statisti= schen Lexika, die der nachschlagen kann, der Spezielles zu wissen verlangt. In der Unterscheidung des für die allge=

meine Bildung Wesentlichen vom Unwesentlichen, der eigentlichen Basis von dem darauf Aufzuführenden, dessen, was sich nicht von selbst macht von dem, was sich von selbst macht, daran erkennt man den Lehrmeister in objektiver Beziehung. Anfänger im Lehren lehren Alles, was sie wissen und eben gelernt haben; Meister wissen sich zu beschränken. Wie viel unnütze Quälerei würden wir den Schülern ersparen, wenn wir nur Wesentliches lehrten."

„Die Pestalozzi'sche Schule verlangte, und bot Verfahren und Mittel dazu, daß das Kind durch Selbstanschauung und Selbstthätigkeit — arbeitend — seine geistigen Kräfte.. ausbildete."

„Eine Methode ist besser als die andere, aber gewiß liegt weder das Heil der Welt, noch das Heil der Schulen ausschließlich in der Methode. Vielmehr ist jede gut, welche, ganz aus der Eigenthümlichkeit eines lebendigen Menschen hervorgegangen, als ein getreuer Abdruck des sich seines Lebens entäußernden Geistes erscheint, und auch hier gilt das Wort, daß sich nicht Alles schickt für Alle. Bei Weitem das Meiste, was die nachhaltige, bleibende Wirksamkeit eines Lehrers auf seine Schüler betrifft, kommt auf den Geist an, von welchem der Lehrer getrieben wird... Darum soll die Methode auch nicht von den Menschen ersonnen, als ein Außenwerk dem Geiste umgeschnallt und angefügt werden, sondern sie soll die nothwendige individuelle Form der Manifestation des Geistes sein. Sonst fehlt die Durchdringung des Geistes und der Form, die Macht der Erscheinung des Lehrers und die umgestaltende Kraft desselben auf das Leben der Schüler..."

„Für einen Knaben von schwacher Begabung gibt es keine größere Qual, als wenn sein Gedächtniß ungebührlich in Anspruch genommen wird. Er verdummt... Wessen Verdauungskraft schwach ist, darf nur sehr mäßig essen."

„Was gelernt wird, muß genau gelernt werden. Nichts schwächt den Geist mehr, als halbes, oberflächliches Lernen."

„Es ist unverantwortlich, den Schülern die Mühe aufzuladen, Stücke wörtlich auswendig zu lernen, ohne dafür zu sorgen, daß sie dieselben nie wieder vergessen..., wie schön ist es, wenn die Schüler mit einem reichen Schatze behaltenswerther Dinge entlassen werden!"

„Ein Schul=Lesebuch braucht kein Lesebuch überhaupt zu sein, kein Volksbuch. Nach meinem Gefühl schließt der

Ernst eines Schul-Lesebuchs alle Arten von sogenannten **unterhaltenden Erzählungen, Mährchen, Räthsel ꝛc.** aus. Alles Spielerische muß von ihm fern gehalten werden. Kein Schulbuch ist eine Unterhaltungsschrift, sondern ein **Lern- und Uebungsbuch**..., nur zu häufig werden die Lesestunden in den mittleren und oberen Klassen als ganze oder halbe Spielstunden betrachtet.. Die Spitze der Bildung ist der Charakter... Der wahre Leseunterricht ist im eigentlichen Sinne des Wortes Charakterbildung."

„Nur solche Autoren sind zu lesen, die Gedanken haben, welche nachgeahmt zu werden verdienen, Gefühle und Gesinnungen, deren Keime wir in unsern Schulen zum Wachsen zu bringen wünschen. Der Schüler soll sich an dem, was er von Autoren liest, intellektuell, ethisch und gemüthlich bilden können, ein pabulum animi daran haben."

„Das Lesen in der Schule muß den Schüler dahin bringen, daß er gegen die bei Jungen und Alten grassirende Lesewuth, der Alles gut genug und das Schlechteste oft das Beste ist, für sein Leben lang geschützt ist."

„Ich verlange von **jedem Lehrer** eine **schriftliche Bearbeitung seiner Heimathkunde.**.."

„Jeder Lehrer (Mitglied des Lehrervereins einer Provinz) faßt den Entschluß, eine vollständige Heimathkunde seines Ortes und seiner Gemeinde abzufassen .. als Grundlage eines **rationellen Anschauungsunterrichts**."

VI.

Ueber Lehrer. Winke für Lehrer.

„Lehrer, die das Volk erziehen sollen, müssen die gereiftesten, thatkräftigsten, tüchtigsten Männer der ganzen Nation sein.."

„Es war eine Einseitigkeit der Pädagogik und Pädagogen der Vorzeit, daß sie bei der Bildung der Lehrer vorzugsweise oder nur an die Anbildung schulmeisterlicher Eigenschaften, wenig oder gar nicht an die Ausbildung männlicher Tugend dachten."

„Hebt und veredelt man die Lehrer, so hebt und veredelt man die Nation; behandelt man sie gemein.., so werden sie gemein und durch sie die Jugend des Volks. Das Bewußtsein des Werthes und der Würde ihres Berufes darf ihnen nicht verloren gehen.."

„Die wissenschaftliche Theologie bildet keinen Volkslehrer im weiteren Sinne des Wortes.."

„Ich kann dem praktischen Lehrer das wissenschaftliche Studium der Theologie nicht empfehlen, noch weniger von der bevorzugten Anstellung der Theologen an den Schullehrerseminaren Fortschritte in der praktischen Bildung der Zöglinge erwarten."

„Bei einem Kandidaten des höhern Lehramtes soll man die Gabe der praktischen Lehrkraft höher achten, als die sublimste Wortgelehrsamkeit oder auch Sachgelehrsamkeit der alten Welt.."

„Man kann der gelehrteste Mensch sein, ohne dadurch zu einem Urtheil über die Gegenwart, die Menschennatur, die Entwicklungsgesetze derselben oder zu einer praktisch-tüchtigen Wirksamkeit im Leben und Lehren im Geringsten befähigt zu sein."

„Gelehrsamkeit und Lehrgeschicklichkeit sind nicht die höchsten Attribute des Schulmeisters.."

„Der Lehrer ist kein Seemann, er ist ein Bergmann. Nicht Wind und Wellen schwellen seine Segel, und die Blicke der Menschen sind nicht von ferne auf ihn gerichtet; er arbeitet verborgen und ungesehen in der Tiefe. Mit der Wünschelruthe des Geistes gräbt er nach geistigen Quellen, und wo sie anschlägt, freut sich seine Seele."

„Der Lehrer kann die Bestimmtheit zu seinem Berufe hauptsächlich daran merken, wenn sein ganzes Dichten und Trachten, wie von selbst, auf die Vervollkommnung zu dem Lehramte gerichtet ist, wenn das Leben unter seinen Schülern zu den Bedürfnissen seiner Seele, wenn die Lehrstunden zu den Augenblicken seines höchsten Glückes gehören, wenn er das Lehren, Erziehen, Anregen und Entwickeln gar nicht lassen kann.."

„.. An Mühe und Beschwerde kommt nicht leicht irgend ein Beruf dem des .. geistweckenden Lehrers gleich."

„Das Leben in der freien Natur ist am wenigsten für den Lehrer entbehrlich."

„An dem Land= und Gartenbau, der Obstbaum=, Bienen= und Seidenraupenzucht klebt für den Lehrer ein wunderbarer Segen.."

„Wie viel tausend Lehrerherzen sind durch inhaltsvolle, kräftige Lieder des Gesangbuchs gestärkt worden."

„Die Lehrer mit Achtung ansehen und behandeln, dadurch die Achtung vor Menschenwürde, Lehrerberuf und allem Guten in ihnen erhöhen, das ist die einzig wahre, bleibende und dankbare Wirksamkeit eines Schulraths.."

„Merke sich darum Jeder, der für die Lehrer auftreten will: in ihnen findet er keine reale Unterstützung, eher das Gegentheil."

„Die Mehrzahl unserer Lehrer denkt an nichts Anderes, als daran, gehorsame, geduldige, friedfertige, zufriedene, fromme, gutmüthige Kinder zu erziehen." Ueber diese spieß= bürgerliche Auffassung geht ihr Denken nicht hinaus."

„Faule, geistesträge Lehrer haben einen sehr guten Grund, die Katechetik in übeln Ruf zu bringen.."

„Die Lehrer sollen im Staate eine Korporation bilden mit Vertretung von immer größeren Territorien (Stadt, Bezirk, Provinz) ꝛc. — Abgeordnete derselben sind die allein berufenen und geschickten Vertreter des Schulwesens im Staate."

"Ich kann in Betreff der Fächer unter den Lehrern einer Schule keine Rangordnung zugestehen. Der ist — gleichviel, was er lehrt — der Erste, der durch sein Thun, d. h. durch Sein und Leben, jene Eigenschaften, welche die Schule zu erstreben hat, am tiefsten und im höchsten Grade entwickelt, steigert, befestigt. Die ganze Schule ist die Stätte der Erweckung religiös=sittlicher Thatkraft."

"Nicht was du lehrst, sondern wie du lehrst und was du bist, bestimmt den in der Erziehungsschule dir gebührenden Rang.."

"Von den Lehrern selbst wird es abhängen, ob sie eine ihren Wünschen entsprechende Situation erreichen werden (ihre Tüchtigkeit; Organisation ihrer Berufsgenossen..)."

"Der Lehrer lehrt nur so lange tüchtig, als er selbst tüchtig mitlernt; er arbeitet nur so lange in jugendlicher Frische, als er den jugendlich regsamen Geist in sich zu erhalten weiß..."

"Das Beispiel ist das Haupterziehungsmittel.."

"Du wirkst mehr durch das, was du bist, als durch das, was du weißt..., lehrt Arbeitsamkeit, d. h. seid arbeitsam; lehrt Wahrhaftigkeit, d. h. seid wahrhaft."

"Man erwarte wenig von Ermahnungen, moralischen Predigten.."

"An der Möglichkeit der Herstellung der innern Reinheit des unsterblichen Fremdlings im Menschen, an dieser geistigen Wiedergeburt darf kein Erzieher zweifeln.."

"Die tüchtigsten Lehrer sind nicht nur in Betreff der Disziplin, sondern auch in Betreff der Doktrin schweigsam... Redselige Lehrer sprechen die Schüler todt.."

"Alle intellektuelle Bildung findet in geregelter Disziplin ihren Ruhepunkt und ihre Stütze.."

VII.
Ueber Schulen, ihren Zweck, ihre Arten.

„Die Erziehung in der Schule erheischt vorzugsweise einen formalen Unterricht; denn zu lernen, blos in der Absicht, um zu wissen, ist albern. Schulen, die ohne Streben nach allseitiger Ausbildung der Menschenkraft den Schüler nur mit den unentbehrlichsten Fertigkeiten für das Leben auszurüsten bemüht sind und so die Anlagen jedes Individuums als eines Gliedes der Menschheit liegen lassen, sind in der That im vollen Sinne des Wortes **gemeine Schulen**, indem sie fürs gemeine Leben vorbereiten, das dann auch nur ein gemeines werden kann. Luther konnte sich beim Besuche solcher Schulen bitterer Thränen nicht enthalten."

„Die unmittelbare Erzielung äußerer Bildung, sowie die ausschließliche Zweckbeziehung der Berufsbildung kehrt die Sache, wie sie sein sollte, geradezu um.."

„Die Befähigung für die Weltgeschäfte ist das zweite, das posterius, die reine Menschenbildung bleibt das erste und prius."

„Es gibt besonders drei Arten der Erziehung oder Bildung ad hoc: 1) Berufsbildung a. h.; 2) intellektuelle Bildung a. h.; 3) religiöse Bildung a. h... Die **Berufsbildung ad hoc** besteht darin, daß der kleine Mensch zu irgend einem Berufe bestimmt wird, bevor sich entschiedene Anlagen und Neigungen dazu in ihm entwickelt haben. ... Die **intellektuelle Erziehung ad hoc** besteht darin, daß der junge Mensch nicht zu allgemein=menschlichen Ansichten, zu allgemein menschlicher Bildung, sondern in und zu den Vorurtheilen eines Standes erzogen und angeleitet wird.... Die religiöse Erziehung ad hoc ist die konfessionelle.."

„Die meisten Schulen dienen der Gewohnheit, der Trägheit, dem Vorurtheil, dem Schlendrian, dem Mechanismus.."

„Das Wesen der wechselseitigen Schuleinrichtung liegt darin oder ihr eigentliches Prinzip ist dieses: Vertheilung aller Schüler in Abtheilungen, wie sie ihrem geistigen Standpunkte entsprechend sind, ausschließlicher Unterricht von Seiten des Lehrers an eine dieser Abtheilungen und während desselben Selbstbeschäftigung und Uebung der übrigen untern Gehilfen. Ich muß mich für die Einrichtung entscheiden, welche den Schüler am meisten dem unmittelbaren, begeistigenden Einfluß des Lehrers aussetzt."

„In den Schulen, die dem Bedürfnisse der Zeit entsprechen sollen, ist es nicht abgethan mit dem Papageienthum des Lesens, Schreibens, Rechnens und Katechismus, womit ehemals die Pedanterie und Ignoranz der Schulmeister sich groß wußte: heut zu Tage fordert man mehr lebendige Bildung der Menschenkraft, als Aneignung todter Buchstaben, vielseitige Aufregung der geistigen Anlagen ꝛc. Humanität ist der letzte Zielpunkt aller Bildungsanstalten.."

„Es gibt nicht blos einzelne Schulen, es gibt ganze Klassen derselben, welche der Aufklärung ebensoviel schaden, als nützen. Der Bürger und Bauer lernt in ihnen lesen und schreiben, aber er verlernt seinen natürlichen Verstand, sein gesundes Urtheil, seinen Mutterwitz.."

„Auch in den Realschulen muß man sich auf das Wesentlichste beschränken..., man suche die Vollendung nicht in der Ausdehnung, sondern in der Durcharbeitung... Die Technologie gedeiht in keiner Schule. Es ist Kram. Nur die allgemeinen, theoretisch zu begreifenden Operationen, der rationelle Theil, als Anwendung anschaulich begriffener chemischer und physikalisch=mathematischer Lehren, liefert einen wirklichen Gewinn für Geistesbildung und sichert die Hoffnung, daß der junge Mensch, wenn seine Bestimmung ihn in ein Laboratorium, eine Fabrik führt, seinen Geist gebrauche."

„Auch eine Bürgerschule muß stets den Zweck der allgemeinen Geistesbildung festhalten, darf nie sich in

Mittheilung von Dingen, die man nur in den Werkstätten gründlich erlernen kann, verlieren.."

„Natur, neuere Sprachen, Mathematik, neuere Ge=
schichte: Hauptbildungsmittel des mittleren Standes.."

„Nur Engherzigkeit kann die Behauptung wagen, daß die **gelehrten Schulen** auch für den Bürger die beste Vorbildung gewähren.."

„Schülern, die nicht Gelehrte vom **Fache** werden wollen, kann man das freie Lateinsprechen und das fertige Schreiben des Griechischen erlassen."

„Die Gesammtbildung der Abiturienten ist das wesentliche Kennzeichen der Reife zur Universität."

„.. Was läßt sich von einem Schulwesen erwarten, das nicht viel mehr ist, als ein Heck=, Klipp= und Winkelschul= wesen? von einer Schulerziehung in den Händen von Pri= vatunternehmern, denen es Sorge genug macht, sich und die Ihrigen von ihrem Schulerwerb anständig dürftig zu er= nähren?"

„Zwei Haupturfachen des Zurückbleibens im Gesammt= schulwesen: Mangel an **technisch** vorbereiteten Lehrern der höheren Schulen und die Aufsicht der Geistlichen über die Lehrer.."

„Mit dem vollendeten 14. oder 15. **Jahre** darf der **Schulunterricht, die öffentliche Er= ziehung, nicht aufhören, sondern sie muß,** wenn auch in verminderter **Stundenzahl, fortgehen.** Ein 14jähriger Mensch ist ein Kind an Einsicht und Kraft, wie an Jahren. Mögen nun viele zu Handarbeiten über= gehen, die Arbeit an ihren Seelen darf nicht aufhören. Denn nun kommen die einflußreichsten und gefährlichsten Zeiten! Nun (in der Fortbildungsschule) sind die wichtig= sten Unterrichtsgegenstände: **Religions= und Sitten= lehre,** Einprägung sittlicher Grundsätze und Charakterbildung, die Lehre von den Pflichten und Rechten der Bürger, von dem Verhältniß der Bürger zur Obrigkeit und zu dem Staate, Kenntniß der Gesetze des Landes 2c.."

„Vor dem Mündigkeitsalter darf kein Mensch von den Anstalten der öffentlichen Erziehung sich lösen."

„Ich verlange, daß der Unterricht der Knaben und Jünglinge nicht mit dem 14. oder 15. Jahre aufhöre, son= dern fortdauere (bis zum 24. Lebensjahre), nach der Regel, daß die Zahl der wöchentlich zu ertheilenden Lehrstunden mit steigendem Alter abnehme.."

"Der Knabe und das Mädchen sollen in der Jugend und folglich auch in der Schule das Arbeiten lernen, das Arbeiten mit dem Kopfe und mit der Hand..."

"Die Schule muß Bestimmung, Ziel, Richtung und belebenden Hauch dem Leben entnehmen."

"Je planmäßiger die Schule arbeitet, desto nachtheiliger sind Versäumnisse.."

"Jede Schule sei Erziehungsschule."

"Die Einheit aller Thätigkeit in der Schule verlegen wir in das Individuum, den Schüler, als in ihren Mittelpunkt.. Als die alleinige Aufgabe der Schule bezeichnen wir die Anbahnung der harmonischen Ausbildung des Schülers... Die Idee der Menschenbildung in konkreter, individualisirter Form bildet den Einheits- und Mittelpunkt aller Veranstaltungen der Schule... Die Idee der Entwicklung der Persönlichkeit des Individuums will auch alles das sagen, was man Koncentration des Unterrichts genannt hat."

"Die **neutrale Pädagogik** faßt die künftige Profession, Konfession und politische Richtung **nicht** ins Auge. Der Lehrer als solcher soll keine Parteistrebung annehmen, am wenigsten eine politische.."

"Die Schule vermag nur da etwas, was genannt zu werden verdient, wo die übrigen Institutionen des Lebens danach sind."

"Schulreglements sollen nur Grundsätze, große Grundsätze.., keine Details, keine Bestimmungen ins Einzelne hinein enthalten.

Nur die mechanischen Köpfe, die Handlanger, Unteroffiziere und Konstablers... lieben die **Vorschrift** bis auf den Tüpfel über dem i und den Bart am Kinn."

"Wer viel mit der Schuldisziplin neben dem Unterricht zu thun hat, ist kein Meister, sondern ein Stümper. Die Schule erzieht wesentlich nur durch den Unterricht, und nur der erziehende Unterricht ist wahrhaft — Unterricht."

"... In einer Schule ohne Geist wird mir nicht nur geistig, sondern auch sinnlich unwohl... Geistlosen, trivialen Menschen längere Zeit zuhören zu müssen, ist eine der größten Martern.."

"... Ich bin für gemeinsame Erziehung der Knaben und

Mädchen etwa bis zum 12. Jahre, weil man sich dadurch der gemeinsamen Erziehung, wie sie in den Familien nach Gottes Ordnung stattfindet, nähert..."

"Wenn in jeder Schule viel auf den Geist des Direktors ankommt, so gilt dies in dritter Potenz von einer Erziehungsanstalt. Unter „Geist" verstehe ich aber mehr, als Verstand, Sachkenntniß, Geschicklichkeit, ich verstehe darunter den pädagogischen Hauch, das erziehliche Leben in dem Manne, der an der Spitze steht. Es ist etwas Unmeßbares, Unendliches, Unräumliches... Dieser pädagogische Geist ergreift das seinem Einfluß ausgesetzte Kind auf unsichtbare Art; er theilt ihm ohne Worte eine Scheu vor dem Bösen mit; er verstärkt die schwache Sprache des Gewissens, er dämpft und lähmt die sinnlichen Leidenschaften, er weckt die schlummernden guten Keime... Wie der Wind .. durchweht er alle Stellen und Räume eines Erziehungshauses; nicht nur in dem Lehrsaal, sondern auch in dem Speisesaal und in der Schlafkammer fühlt das Kind sein Wehen, er geht mit ihm schlafen, er steht mit ihm auf, er leitet und läutert es in jeder Weise..., wer des Sinnes theilhaftig geworden, den pädagogischen Geist einer Anstalt zu vernehmen, fühlt sich bei dem Eintritt in dieselbe von dem Charakter desselben erregt und bewegt."

VIII.

Ueber Universitäten und akademisches Studium.

„Die ächte Wissenschaftlichkeit besteht in der errungenen Selbstthätigkeit des Denkens... Die Gründlichkeit besteht nicht objektiv in der historischen Erschöpfung, sondern subjektiv in der Höhe und Energie der entwickelnden Denkkraft."

...„Der akademische Lehrer braucht als solcher kein Forscher zu sein, aber er muß ein Lehrer sein."

...„Die tüchtigsten akademischen Lehrer sind selten oder nie in demselben Maße, als sie Lehrer sind, zugleich wissenschaftliche Forscher... Die größten Gelehrten sind meist unwillige, ungeschickte, ungewissenhafte, d. h. schlechte Lehrer, und die tüchtigsten Lehrer darum meist keine Forscher.."

„Hegel mag ein tiefer Forscher gewesen sein, er war einer der schlechtesten Lehrer..., ich gehöre zu denen, die ihn nicht verstanden haben, und ich verstehe auch die nicht, die ihn verstanden zu haben behaupten... Dieses (daß er ein schlechter Lehrer war) weiß ich aus Erfahrung. Im Jahre 1825 hospitirte ich bei ihm einige Stunden. Er quälte sich damit ab, den Unterschied des Diskursiven und Induktiven deutlich zu machen... Hegel gehörte in die Akademie, d. h. in die stille Kammer, nicht auf den Lehrstuhl."

...„Die wahre Tiefe ist klar und also verständlich.."

...„Eine unbeschränkte Ausdehnung des vagen Begriffs der Lehrfreiheit kann eine Willkür erzeugen."

...„Der falsch verstandene Begriff der Lehrfreiheit ist sowohl in Betreff des Gegenstandes, als in Betreff des Inhaltes aus dem Gesichtspunkte der wahren Bildung der Schüler in angemessener Weise zu beschränken."

„Weg mit aller Passivität im Lernen und Denken.. Nicht das Wissen kräftigt, sondern das Verstehen; nicht die Aufsammlung im Gedächtniß, sondern das Verarbeiten mit dem Verstande; nicht das Aufspeichern der Massen, sondern das Assimiliren; nicht das Betrachten, sondern das Suchen; nicht das Glauben, sondern das Prüfen; nicht das Lernen, sondern das Ueben; nicht das Fertige, sondern das Zubereiten; nicht das Vorkauen, sondern das Zergliedern; nicht das Nehmen, sondern das Machen... Verächtlich blicken die Hochschullehrer meist auf das Wissen und die Künste der Schulmeister hinab; aber, beim Jupiter, sehr Viele können von diesen verachteten, hungernden Schulmeistern etwas lernen, die große Wahrheit: daß es bei der Geistes- und Charakterbildung weit mehr ankommt auf das Wie als das Was, weit mehr auf die Form, als den Inhalt, Alles auf die Methode."

„Die zweite Forderung in dem Gebiete der positiven Veranstaltungen der akademischen Jugend verlangt als höchsten Inhalt der Vorträge belebende Ideen —, Hochbilder, Hochgedanken, Ideale."

„Nicht engherzigen Schülergeist will ich in die Jünglinge gepflanzt wissen, nicht spähende, auflauernde Bewachung, sondern freie, heitere Entwicklung und weite Rennbahn zur Entwicklung aller Kräfte. Darum aber noch nicht Nichtsthun, Vernichtung aller positiv wirkenden Institute, sondern Anlegung machtvoller Hebel und Kräfte, deren Einfluß sich zu entziehen Jedem schwer wird. Fallen und sinken muß auch der akademischen Jugend möglich sein, aber man muß es ihr erschweren, nicht durch Befehle, Machtgebote und Strafen, die sich überall in ihrer Ohnmächtigkeit erweisen, sondern durch innere Faktoren und Kräfte."

„Nirgends soll das Wissen Zweck an sich sein, sondern nur Mittel. Wo es als Zweck aufgestellt wird, da herrscht eine verkehrte Ansicht, und es entsteht Götzendienst des Wissens, der auf unsern Universitäten herrscht. Der eigentliche Zweck des Wissens ist die durch dasselbe zu erzielende geistige Bildung."

„Der Student soll das philosophische Denken lernen.."

..„Das Beziehen des Honorars von dem Einzelnen ist ein Grundverderben der Universität.."

„Die langen Ferien sind ein Mißbrauch.."

„Die vorherrschende Lehrmethode sei die dialogisch-entwickelnde.."

„Die schwerste Anklage, die auf Sokrates ruhte, war: er verderbe die Jugend. Dieselbe Anklage erhebe ich gegen unsere Universitäten."

„Ich halte das Verderbliche auf den Universitäten für das Symptom eines viel allgemeineren Verderbens.. (denn es gibt keine isolirte Erscheinung im Lebens eines Volkes)."

„Man frage, wie groß die Zahl der freien Männer ist, die aus der akademischen Freiheit hervorgehen."

IX.

Lehrerseminare.

„Ich bin für das Zusammenwohnen der Seminaristen: man hat Alles beisammen, eine geschlossene, berechenbare Erziehung ist möglich, vor dem Weiten, Unbestimmten, Maßlosen habe ich ein Grauen...; hat man die Leute aber beisammen, so weiß man, was ist oder nicht ist..."

„Seminar-Internate mit Wahl zulässig und wünschenswerth."

X.

Weibliche Erziehung. — Kindergärten.

„Lehrerinnen eignen sich nicht für größere Schulmädchen.."

„Versäumt es nicht, Euern Mädchen Geschicklichkeiten und Fertigkeiten anzubilden! Je nach Gelegenheit und individuellem Talent! Geschicklichkeit mit der Hand, Gewandtheit im Hauswesen, musikalische Fertigkeiten... Anleitung zur Pflege und Erziehung kleiner Kinder u. dgl. m... Nur Wenigen rathe ich die Ausbildung zu Lehrerinnen in Schulen an. Die Meisten opfern dabei ihre Gesundheit..."

„Ein steifer Magister ist zwar keine ergötzliche, aber immer noch eine erträgliche Erscheinung; eine logisch-steife, pedantische und magistrale F r a u e n s p e r s o n aber wirkt wie eine Vogelscheuche."

..„Wir erblicken in der Erhöhung der Erziehungsfähigkeit des weiblichen Geschlechts den eigentlichen Kern der socialen Bestimmung der Frau."

..„Ein mit ihrem Wissen prunkendes, kritisirendes, absprechendes Weib ist ein alle gesunden Naturen anwiderndes Gespenst.."

..„Unwiderlegbar ist die Wahrheit, daß wir unsere Jungfrauen in den Ehestand treten und Mütter werden lassen, ohne sie für den erhabenen Beruf der Mutter genügend vorzubilden... Von einer entwickelnd-erziehenden Thätigkeit der Mütter ist nirgends die Rede.. Pestalozzi hat dafür sein ganzes Leben hindurch geschwärmt und gewirkt; Fr. Fröbel widmet diesem Gedanken sein Leben."

..„Man bedenke, welchen bildenden Einfluß das Verweilen der Jungfrauen in dem Kindergarten und die Theilnahme an der Erziehung der Kinder in demselben **auf sie selbst** ausüben muß.., auf die Erhaltung und Pflege des kindlichen Sinnes, auf die Entfernung von leerem, eitlem Tand... Ein Kindergarten ist nicht nur die Elementarschule für künftige Mütter zu ihrer Erziehung und Bildung für die Erziehung und Bildung kleiner Kinder in der ersten, wichtigsten Lebensepoche, sondern zugleich ein Bildungsinstitut für unsere Mädchen und Töchter überhaupt, in negativer, abwehrender, wie in positiver, gestaltender Beziehung Jede Jungfrau gehört nach Beendigung der Schuljahre... in den Kindergarten. Die Kindergärten müssen.. nicht nur als Bildungsstätten für kleine Kinder, sondern als Bildungsanstalten für das gesammte weibliche Geschlecht aufgefaßt und gewürdigt werden.."

„Im Spiel liegt Poesie, im Spiele der Kinder drückt sich die Ahnung des künftigen Lebens aus.."

„Für die Beschäftigungen in der Spielschule müssen die 3 bekannten Richtungen des menschlichen Geistes beachtet werden, nämlich die eine auf **Zweckmäßigkeit**, die andere auf **Schönheit**, die dritte auf **Wahrheit**, oder die Richtung auf das äußere Leben, auf die Poesie und auf die Erkenntniß."

...„In der Familie wird das Kind als Einzelwesen, in dem Kindergarten auch als **Glied der Gesellschaft** betrachtet und behandelt... Nur in dieser frühen Einigung der ersten Erziehung mit den Ansprüchen des geselligen Lebens, wodurch sich schon Kinder als Glieder einer Gemeinschaft fühlen lernen, kann der Grund zu der allgemeinen sittlichen Einigung der Menschen gelegt werden."

....„Der Kindergarten ist nichts Anderes, als die gemeinschaftliche Kinderstube unserer Familien, die sich verbunden haben, ihre kleinen Kinder, sei es durch die erwachsenen und die dazu gebildeten Töchter, oder auch abwechselnd durch die Mütter selbst, während gewisser Stunden am Tage erziehend zu beschäftigen."

„Der Kindergarten ist der geeignetste Boden der natur- und vernunftgemäßen Entwicklung der Kindheit, die Vermittlung zwischen Schule und Haus, ein einigender Mittelpunkt alles weiblich erziehenden Strebens und eins der höchsten Bildungsmittel für die Jungfrau, welches mit der Hochschule verbunden werden muß.."

XI.

Die Schule in ihrem Verhältniß zur Familie, zum Staate und zur Kirche.

...„Es wird immer wünschenswerther, daß der Staat seine Schulen in jeder Beziehung als seine Anstalten behandle, und sich wohl hüte, von irgend einer Seite Eingriffe in seine, auch in dieser Beziehung souveränen Rechte zu dulden."

„Unsere Schulen sind de facto Staatsanstalten. Die Regierungsbehörden sind auch in Schulangelegenheiten ausschließlich die kompetenten Behörden."

„Woran der Mensch sich selbstständig und frei nach seiner Ueberzeugung zu betheiligen verhindert ist, dafür verliert er das Interesse. Das Staatskirchensystem ist, so viel ich weiß, von der Geschichte gerichtet; das Staatsschulsystem verfällt, fürchte ich, wenigstens was die Volks- und Bürgerschule betrifft, derselben Verdammniß."

„Nach göttlichen und menschlichen Gesetzen hat jeder Vater das Recht, sein Kind selbst zu erziehen und zu unterrichten, und der direkte Schulzwang (gegen dessen Heilsamkeit sich sehr triftige Gründe beibringen lassen) wird nur in dem Falle, wenn er sich in dieser Beziehung unfähig oder lässig zeigt, auf ihn angewandt."

„Staats- und Kirchendiener sind naturgemäß die Vorsteher der Schulen. Deshalb darf weder der Staat noch die Kirche die Einrichtung und Aufsicht über die Schulen dem andern allein überlassen."

„Das Streben nach völliger Trennung der Schule von der Kirche muß untergehen, weil sein Prinzip, im Streite mit der Natur der Sache, der Einseitigkeit anheimfällt und das entgegengesetzte Extrem — gewiß das schlimmere — jener priesterlichen Bemühung aufstellt. Der Geistliche darf sich nimmer die Einsicht, Kenntniß, Aufsicht und Wirkung auf die Schule und deren Jugend rauben lassen, weil der Schulunterricht dem Konfirmandenunterricht vorarbeiten soll und Schule und Kirche theilweise in dem Verhältniß von Mittel und Zweck stehen. Geschähe dieses, so würden die Geistlichen hiermit zu erkennen geben, daß es ihnen mit Lehren und Predigen nicht so recht Ernst sei..., ein rechtschaffener Geistlicher ist der Wärter, Freund und Beförderer dessen, was für Schulen noth thut..., statt sich um den Vorrang zu streiten, müssen Geistliche und Lehrer mit wechselseitiger Förderung ihrer hohen Zwecke einander unterstützen und rege Wirksamkeit im kleinen Kreise für die allein gute Sache halten.."

„Der Staat hat nicht blos die äußere Freiheit zu sichern. Der Staat will und soll alle Zwecke des Menschenlebens zu realisiren suchen."

„Staat und Kirche wollen dieselben Zwecke, nur auf verschiedenem Wege erreichen.."

„Fürwahr, ich bin nicht gewillt, den kleinsten Schritt zu thun, der die thätige Theilnahme der Geistlichen an der Förderung des Schulwesens im Kleinsten vermindern könnte; aber sie selbst müssen es einsehen, daß sie im Großen und Ganzen der zu lösenden Aufgabe nicht mehr gewachsen sind. Diese Einsicht ehret sie und wird einst der Schule, d. h. dem öffentlichen Volksunterrichte, zu Gute kommen."

...„Die allgemeine Schulgesetzgebung ist in den Händen des Staats, die autonomische Verwaltung in den Händen der selbstständigen Schulgemeinden, die technische Ausführung in den Händen der Lehrer.."

„Eine Staatsschule in dem Sinne, daß der Mensch um des Staates willen da sei und jeder für die augenblicklichen Zwecke des Staates gebildet werden muß, wird Niemand wollen.. Der Staat ist nicht Selbstzweck, sondern der Mensch, der Staat soll den Zwecken des Lebens dienen.."

·„Die natürlichste Verbindung, welche die Schule eingehen kann, ist die mit den Familien. Ihre unbedingte Abhängigkeit von dem Staate würde sie dem Wechsel der politischen Parteien, ihre Abhängigkeit von der Kirche dem einseitigen klerikalen Einfluß preisgeben.."

Die Regulative.

„Die Absicht, Zweck, Ziel, Ausgangs- und Endpunkt der Regulative ist: kirchlich-religiöse Menschen zu erziehen, die Kinder für den christlich-dogmatisch-konfessionellen Glaubensstandpunkt zu gewinnen. Das kirchlich-supranaturalistische System, der Autoritätsglaube der lutherischen und reformirten Kirche, ist ihr Ziel, ist ihr Prinzip."

„Der Gegensatz oder Unterschied zwischen Regulativbildung oder freier Entwicklung ist nicht ein aparter, isolirter, sondern er berührt alle übrigen Gegenstände des gegenwärtigen Weltstreites, und Sieg oder Niederlage auf den partiellen Gebieten wird den Sieg oder die Niederlage im Großen und Ganzen mit entscheiden helfen."

„Die Urheber und Vertheidiger der Regulative sind für die Autorität, ihre Gegner für die freie Selbstbestimmung; jene erziehen die Jugend in und zur Autorität und wollen sie lebenslang darin erhalten; diese haben als Endziel ihrer Thätigkeit die Befähigung des Individuums zu freier Selbstbestimmung im Auge... Jene lassen den Katechismus auswendig lernen in einem Alter, in welchem von Verständniß nicht die Rede sein kann, diese verwerfen alles oede Gedächtnißwerk... Man kann diesen Unterschied auch als Gegensatz des Katholicismus und Protestantismus bezeichnen.."

XII.

Aussprüche verschiedenen Inhalts.

"Zu den Urrechten des Menschen gehört das Recht, seine Meinungen.. zu äußern. Wozu anders hätte der Schöpfer dem Menschen die Gabe der Sprache verliehen?"

"Leben heißt, seiner Naturanlage entsprechend thätig sein, zu geben und zu nehmen."

"Man ist der Welt sein Thun und sein Denken schuldig."

"Das Verhehlen der Ueberzeugung halte ich kaum für weniger schmachvoll als das Erheucheln."

"Von Autoritäten zu befreien halte ich für einen zeitgemäßen Vorwurf."

"Die Vorstellungen sind ein wesentliches Moment der Charakterbildung, indem sie (nebst Anderem) die Gefühle bestimmen und dem Gemüthe die Richtung auf das Edle und Gute geben.."

"Das ist das rechte Leben nicht, das sich nicht bewegt fühlt von dem Gefühl des Rechts und des Unrechts, nicht bewegt fühlt von der Lust der Wahrheitsforschung und der Wahrheitverbreitung, nicht bewegt fühlt von dem Schmerz, wenn das Gute nicht siegt oder nicht schnell genug siegt für die glühende Einbildungskraft, nicht bewegt fühlt von der Wonne, wenn durch schwere Tugendübung das höchste Ziel des menschlichen Lebens näher rückt. Wer gleichgiltig in die vergangenen Tage blickt, sieht mattherzig in die Gegenwart und ihm fehlt die lebendige Theilnahme an dem Leben. Wem das Bewußtsein des Siegs der Falschheit und Gleißnerei das Blut nicht rascher durch die Adern treibt und seinen Entschluß, im Dienste der Wahrheitsliebe und Herzenslauterkeit treu zu verharren, nicht kräftigt..., der lebt das wahre Leben nicht.."

„Wer blos liest, ohne zu denken, handelt wie ein Vielfraß, der nichts verarbeitet."

„Dieses Buch (Eckermanns Gespräche) ist einzig in der Literatur, so einzig wie Göthe selbst, wie alle seine Werke, wie seine ganze Persönlichkeit, wie das Buch der Bettina. Durch dieses Buch allein kann man gesund werden..., es ist ein Naturbuch..., es ist eine Bestätigung des Satzes, daß auch in der Kunst das Tiefste durchaus einfach sei..., daß Tüchtigkeit des ganzen Menschen, Liebe zur Wahrheit und Tugend, überhaupt ein vollendetes Sein zur Produktion jedes höheren Kunstwerks erforderlich sei —, das lehrte uns Göthe."

„Jetzt ist allgemein anerkannt, daß Göthe (mit Schiller verglichen) der tiefere, größere, freiere Geist war.., Schiller war populär, Göthe war ein vornehmer Geist in jeder Beziehung."

„Der Mensch ist ein Produkt seiner äußern Lage."

„Ist denn die Belebung der Industrie das höchste Ideal der Staaten, die Summe der Einnahmen der Staatskasse das letzte Ziel — oder ist es das Glück der Menschen, an den Wohlstand der Familien gebunden?.. Das Glück eines Staates besteht darin, daß die Einzelnen und ihre Familien wenigstens hinreichenden Erwerb haben und zum Wohlstand gelangen können... Alle Mittel und Einrichtungen, durch welche sich die Armuth der Menschen vermehrt, erhöhen die Sklaverei, statt die Freiheit zu befördern, denn keine Sklaverei ist drückender, unwürdiger, verderblicher als die Armuth.."

„Zeiget die Herrlichkeit der Kirche dem Volke dadurch, daß ihr es glücklich macht, indem ihr es dem Schmutze und Elend des Lebens und der Gemeinheit der Umgebung und der Gesinnung entziehet!.."

„Zwei dringende Zeitbedürfnisse: Bildung korporativer Institutionen durch alle Stände des Volks hindurch und geregelte, gesetzliche Sorge für die unteren Klassen, in physisch-ökonomischer, wie in moralisch-intellektueller Hinsicht."

„Es ist entwürdigend für den Geber und für den Empfänger, wenn im gesellschaftlichen Leben die Sache, die man Gnade nennt, vorkommt." (NB. Das Mittheilen an Arme ist Pflicht — nach dem Gesetz der Verhältnißmäßigkeit, welches Diesterweg für das gesellschaftliche Leben fordert.")

„Will man den untern Theil des Volks erziehen, so muß

man die Alten, die Erwachsenen umbilden und umschaffen; man muß sie dem Schmutz des Lebens entreißen, die Armuth vernichten; man muß sie in die Gemeinschaft ehrenwerther Bürger, aus der sie eigentlich ausgestoßen sind, wieder aufnehmen.. man muß die in ihnen noch vorhandene Lebenskraft wecken, sie mit neuem Vertrauen zu sich selbst ergreifen und das verlorene Gefühl der Ehre wieder in ihnen hervorrufen.. (Armenschulen und Armenanstalten thun es nicht — sie werden die Zahl der Armen nur vermehren.)"

"Soll es besser werden, so müssen wir die Armuth verscheuchen!.. Mangel am Unentbehrlichsten und Sittlichkeit sind Gegensätze, die sich ausschließen."

"Des Kindes Thätigkeit hat ihren Zweck in sich, es will spielen, um zu spielen, ohne alles äußere, durch die Thätigkeit hervorzurufende Ziel. Dieses will der Fleiß; er ist die auf ein hervorzubringendes, auf ein bestimmtes Ziel gerichtete Thätigkeit. Diese ist dem Menschen im Allgemeinen nicht angeboren, sondern er muß dazu erzogen werden."

"Was nicht aus naturgemäßer Entwicklung hervorgeht, nicht mit freier Selbstbestimmung angenommen worden.., gereicht der Menschennatur und der Gesellschaft zum Verderben." (Anm. "Unter Freiheit des Individuums verstehen wir.. die freie Selbstbestimmung.. des Menschen. Persönlichkeit ist ein Resultat der Nothwendigkeit und Freiheit.. Absolute Freiheit ist nur bei Gott..")

"Ohne die Kraft der Sitte und der Gesittung gedeiht keine öffentliche Erziehung.."

"Wir haben keine Männer.., weil wir keine rechte Erziehung mehr haben.."

"Man wird nicht groß dadurch, daß man Andere herabzieht, man wird es, wenn man sie über sich erblickt und zu ihnen hinaufrankt.."

"Der Mensch interessirt sich bleibend nur für solche Dinge, die ihn beschäftigen.."

"Der **Despotismus** gränzt jedesmal an **Anarchie**."

"Der Mensch ist gut, die Liebe wohnt in seinem Herzen, sie wird ihm eigentlich nicht anerzogen, sie wird nicht gelernt, sie ist ihm angeboren. Der Haß dagegen wird gelernt.."

"Kinder sind keine Ziffern.. In einem von 9 Kindern verliert man nicht ein Neuntel, in einem verliert man Alles, das Ganze, die besondere, eigenthümliche Natur, ein Theil unsers Wesens."

„Der Encyklopädismus (der Bildung) ist ein wahrer Ruin des Geistes.."

„Die Bell=Lankasterschen Schulen sind Nothbehelfe in Staaten, wo Lehrermangel herrscht."

„Der frühe Tod eines hoffnungsvollen Kindes erscheint mir als das Schmerzlichste, Unauflöslichste, was es geben kann.."

„Lasset den Knaben sich frei entwickeln.., erhaltet ihm die kindliche Fröhlichkeit."

„Das Eigenthümliche des Charakters, das Bleibende im Menschen bestimmt seinen Werth.."

„Ohne sittliche Güte ist alle Kraft bestialischer Art..."

„Nur allgemeine Kultur schützt gegen Neuerungs= sucht, indem sie den Sinn für Reformen erweckt..."

„Der Gebildete übt seine Kritik an dem Bestehenden; darum liebt er das Fortschreiten, die Entwicklung. Aber der Blick auf Vergangenheit und Zukunft, der dem rohen Menschen fehlt, schützt ihn vor der Begierde nach wilden Neuerungen. Darum Durchbildung der Massen durch Schul= und Lebensgemeinschaft!.."

„Einem Kinde die frohe, freie Jugend nehmen, heißt **ihm das Leben nehmen**, nämlich alle Bedingungen eines selbstständigen, freien, tüchtigen Lebens.."

..„Die Armuth ist die Mutter der Rohheit."

„Das tüchtige Lernen in der Schule..., das ist die Reli= giosität des Schülers."

„Die Entwicklung der Redefertigkeit ist eine der ersten Aufgaben der Bildung **fürs Leben**."

„Jedes Buch, welches einem neuen Unterrichte eine neue Seite abgewinnt, hat seinen Werth zu seiner Zeit ge= habt.."

„Das Beleben ist Genie."

„Leider gibt es nur zu viele, welche über die wichtigsten Fragen, die die Welt bewegen, in unehrenhaftem Schweigen verharren.."

„Ohne Vertrauen zur Kindes= und Menschennatur ist kein glückliches und beglückendes Erziehen möglich.."

..„Der Deutsche ist gewöhnt worden, Alles von Außen und Oben zu erwarten."

„Grundsätze leiten und befreien, Systeme schnüren und kerkern ein, auch die besten."

„Die vernünftige Gleichheit besteht in dem Rechte, jedem

Andern in jedem Stücke durch Thätigkeit u. s. w. gleich werden zu können, also in dem Rechte der freien Entwicklung."

„Es geziemt dem Menschen, ein selbst denkendes, kraftvoll=thätiges, seiner selbst mächtiges und sich selbst beherrschendes Wesen zu sein und immer mehr zu werden.."

„Was sich nicht mit sittlichen, der Aufrichtigkeit und Wahrhaftigkeit huldigenden Gesinnungen verträgt, ist wurmstichig und giftig.."

„Nur Ausnahmen können und dürfen Aeltern bestimmen, ihre Kinder nicht selbst zu erziehen.."

„Wo man seinen Wirkungskreis ganz erfüllt, wo man nicht blos in den Wald hineinschreiet, sondern wo es auch wieder heraus hallet und schallet, verdoppelt und mehrfach, da wohnt für den Menschen das Glück.."

„Die Gesinnung adelt das Geschäft, nicht das Geschäft die Person.."

„Nur der ist gefährlich, der seine Gedanken für sich behält, niemals der, der redlich sie ausspricht. Er ehrt dadurch die Andern und legt Vertrauen zur Redlichkeit ihres Willens an den Tag.. Es gibt Einige unter uns, die bei Volkstumulten heimlich lachen oder eine Faust in der Tasche machen. Ich lache nicht und mache keine Faust."

„Jeder, auf große innere Umbildungen, die erst werden sollen, gerichtete Gedanke trägt, von dem Standpunkte alltäglicher Erfahrung aus, die Farbe des Enthusiasmus und der Schwärmerei an sich. Aber dadurch läßt sich der von der innern Wahrheit seiner Idee durchdrungene nicht schrecken."

„Das Schlechte vertilgt man nicht dadurch, daß man es verbietet, sondern dadurch, daß man das Bessere hervorruft.."

„Der Jüngling muß von dem Geist des öffentlichen Lebens erregt und ergriffen werden."

„Ohne großartige Nationalfeste ist kein erregtes, kein gehobenes Volksleben denkbar."

„Kenntnisse besitzen wir im Ueberfluß, es fehlen die Ideen."

„Durch das Lesen von Vorzüglichem wird der Hang zu immerwährender Veränderung in den geistigen Genüssen etwas gemindert, ein sicherer Maßstab des wirklich Achtungswerthen gebildet, gegen das Mittelmäßige Ekel, gegen das Platte und Frivole Abscheu erzeugt."

„Kenntnisse, an und für sich, bilden nicht, sondern ver=
arbeitete Kenntnisse, Gedanken, wie sie sich in hochbegabten
Geschöpfen gestalten, Gefühle, die der tief für das Wahre,
Gute und Schöne erglühten Brust entströmen, Thaten, zu
welchen der Edelmuth begeistert. Diese sollen der Jugend
in dem Lesebuche entgegentreten."

„Mangel am Unentbehrlichsten und Sittlichkeit sind
Gegensätze, die sich ausschließen."

„Arbeiten soll der Mensch, und jeder soll sein eigen Brot
essen, aber keiner soll durch die Last der Arbeit zu Grunde
gehen. Wer den ganzen Tag, Jahr aus Jahr ein, auf dem
Webestuhle sitzt, er verthiert."